Gottfried Bachl
Der schwierige Jesus

Gottfried Bachl

Der schwierige Jesus

Tyrolia-Verlag · Innsbruck-Wien

Mitglied der Verlagsgruppe „engagement"

Die Deutsche Bibliothek – CIP-Einheitsaufnahme

Bachl, Gottfried:
Der schwierige Jesus / Gottfried Bachl. – 2. Aufl. – Innsbruck ;
Wien : Tyrolia-Verl., 1996
ISBN 3-7022-1944-7

1996
2. Auflage
Alle Rechte bei der Verlagsanstalt Tyrolia, Innsbruck
Umschlag: Mag. Elke Staller
Satz, Druck und Bindung: Athesia-Tyrolia Druck, Innsbruck

Inhalt

7 Vorwort

9 Der schwierige Jesus

17 Der winzige Jesus

43 Der nackte Jesus

77 Der häßliche Jesus

112 Register

Vorwort

Für die Vorlesungen bei den Salzburger Hochschulwochen 1994 habe ich einen Redetext geschrieben. Es war nicht möglich, ihn der vollen Länge nach mündlich zu bringen. Daher wird im Sammelband, der beim Verlag Styria herauskommt, die stark gekürzte Fassung zu finden sein, die ich vorgetragen habe. Dieses Buch enthält das Ganze. Ich habe die rhetorischen Momente nicht alle daraus entfernt, weil sie irgendwie zu dem inneren Ton gehören, mit dem dieses Thema in mir umging. Gut getroffen sehe ich mein Gefühl durch einen Aphorismus Wittgensteins, den ich gegen Ende der Schreibarbeit in *Vermischte Bemerkungen* (Frankfurt a. M. 1977, 50) fand: „In der Kunst ist es schwer etwas zu sagen, was so gut ist wie: nichts zu sagen." Der Satz ist auch auf dem Feld der Theologie brauchbar.

Salzburg, 1. September 1994   Gottfried Bachl

Der schwierige Jesus

Die Schwierigkeit mit Jesus fängt an beim Reden über ihn und beim Zuhören. Wenn man nicht einfach loslegt, wie es im Konzept steht, sondern dem Vorgang eine kurze Überlegung vorausschickt, was da geschieht, wer aller mitwirkt, stellt sich eine Erkenntnis ein, die den Ablauf der Veranstaltung aus der üblichen Selbstverständlichkeit herausreißt. Sören Kierkegaard hat einmal in sein Tagebuch geschrieben: „Das Merkwürdige in der Art, auf welche die Menschen im Verhältnis zu Gott sprechen oder über ihr Verhältnis zu Gott, ist dies, daß ihnen ganz zu entgehen scheint, daß Gott sie ja auch hört."[1] Der christliche Glaube bringt Jesus mit Gott in eine Verbindung, die es notwendig macht, dieses Mithören Gottes auch auf ihn zu übertragen. Das heißt: nicht nur Sie, das Publikum, hören mir zu, und nicht nur ich höre Ihnen zu, soweit es mir gelingt, auf die Langweiligkeitssignale zu achten, die Sie vielleicht von sich geben werden. Der, von dem wir reden, hört selbst zu. Ich merke an mir, daß ich geneigt bin, diesen Gedanken als phantastischen Einfall zu empfinden. Alle anderen Umstände des Dialogs, den wir jetzt anfangen, fügen sich der Vorstellung leichter ein als diese unsichtbare und unausweichliche Zuhörerschaft. Wir reden von Jesus wie über Hannibal oder Kleopatra und andere Gestalten der Geschichte. Er wird in den historischen Betrachtungen oft behandelt wie ein Fossil, ein seltener römischer Ziegelstein, im Objektabstand einer Sache, die sich, auf die augenblickliche Lage angewendet, außerhalb dieses Raumes befindet, in dem wir uns jetzt aufhalten. Jesus ist drüben im Tabernakel der Kollegienkirche als Hostie, oder zeitlich plaziert damals in den Jahren von 1 bis 33. Die Luft hier ist jesusfrei, wir können in

---
[1] S. Kierkegaard, Die Tagebücher 3, Düsseldorf 1968, 26.

seiner Abwesenheit ohne Befangenheit von ihm reden wie über den Papst Johannes Paul II., der in Rom wohnt und von unserem Diskurs nur auf dem Weg der Hinterbringung erfahren, nicht durch persönliche augenblickliche Präsenz wissen kann. Diese Meinung hat durchaus ihr Recht, sie sollte nicht in frommer Selbstüberrumpelung abgetan werden, denn in den biblischen Texten, der ersten und maßgebenden Form aller Rede von Jesus, taucht immer wieder das Zeit und Raum anzeigende Wort auf: *dieser damals dort.* Es löst die Wißbegier aus, die in einen Abstand verwiesen ist und aus dem Abstand die Wahrheit finden will. Das Erlebnis der Distanz zu dem Individuum Jesus läßt sich nicht durch andächtige Willensakte ausscheiden. Es gehört in den Vorgang Glauben, der in der Zeit und im Raum die göttliche Gegenwart erkennt, annimmt und von ihr durch alle Abstände hindurch ins Ziel getragen wird. Der Hinweis Kierkegaards ist damit nicht aus der Welt geschafft, stößt er uns doch auf Worte, die im Text des Evangeliums zu lesen sind: *Der inmitten der sieben goldenen Leuchter einhergeht* (Offb 2,1) sagt zu den christlichen Gemeinden: *Ich weiß um deine Werke* (2,2), *ich weiß um deine Drangsal und Armut* (2,9), *ich weiß, wo du wohnst* (2,13). Jesus ist so in das göttliche Sein aufgenommen, daß er selbst das Subjekt göttlichen Könnens und in Gottes Gegenwart da ist. Was der Psalm 139 als die Lage des Beters vor Gott darstellt, das ist nun die einmalige Besonderheit der Situation, in der man sich anschickt, über Jesus zu sprechen: die verborgene Unverborgenheit seiner Anwesenheit. Kierkegaard hat daran vor allem den Aspekt der Wahrheit hervorgehoben. Wenn Gott mich über Gott reden hört, wird im Augenblick unwiderleglich klar, wie das Wort zum Leben steht, ob der Sprechende *ist,* was er lehrt. Das bedeutet für die Befassung mit Jesus: Er ist die Gestalt, mit der man *sein* sollte, statt sie allein zum Denkobjekt zu machen. Die Koexistenz ist die wirklich angemessene Form des Umgangs mit ihm. Also kann ich nur in Befangenheit von ihm reden, mein *Reden von ihm* ist zugleich ein *Reden zu ihm,* wenn der Sprechakt aus dem aufrichtigen Wunsch entsteht, seine Gegenwart zu erreichen. In allen Sätzen müßte wenigstens mitklingen, daß wir uns in der Balance des Glaubens bewegen, der zeitlichen Abstand und ewige Gegenwart verbindet. Jesus ist uns jetzt Objekt und Subjekt zugleich, der Angezielte und das Wort, aus dem alle Rede entspringt. In diese Spannung gerät wer sich ihm nähert, sei es auch nur von weitem, in Gedanken, die ihn erst aufsuchen möchten.

Kierkegaards Bemerkung kann auch das Gefühl einer Bedrohung wachrufen, die sich gegen die Identität derer richtet, die über Jesus reden. Der Augenblick der irdischen Rede, der in unsichtbarer Gleichzeitigkeit zugehört wird, ist gewiß ganz einmalig, gleicht aber für das Erleben der Struktur nach aufs Haar den Abhörsituationen, die von Sicherheits- und Geheimdiensten organisiert werden. Sie waren schon immer ein Mittel des Terrors, im Zeitalter der Elektronik aber wurde Millionen Menschen, ganzen Völkern die Erfahrung alltäglich, von lauernder Unheimlichkeit umgeben zu sein, die in der Wanze mithörende Behörde überall vermuten und mit ihrem gefährlichen Mißtrauen rechnen zu müssen. Sollte der Mechanismus der Lauschangriffe eine Errungenschaft sein, die sich die Technik aus den göttlichen Eigenschaften der Allgegenwart und Allwissenheit geholt hat? Das *böse Ohr* im ungreifbaren Hintergrund wird umgekehrt ein schlimmes Symbol für die Aufmerksamkeit vom Himmel her. Immerhin spricht das *Buch der Weisheit* vom *eifersüchtigen Ohr Gottes,* dem nichts entgeht. Denn *der Geist des Herrn erfüllt den Erdkreis, und er, der alles zusammenhält, kennt jeden Laut.* (1,7.10) Die Gefahr in solchen Worten ist unüberhörbar, und es ist kein Wunder, daß seit der Antike die Aufklärung, die das religiöse Leben begleitet, eben dieses göttliche Gehör heftig bekämpft hat. Im biblischen Glauben ist die religiöse Situation von Anfang an als die Urgelegenheit der Wahrheit und der Liebe verstanden. Die Redezeit, die uns auf Erden eingeräumt ist, entspringt selbst dem Wort, das *den Mund Gottes verläßt* (Jes 55,11) und wirkt und fruchtbar ist. Es bringt die geschöpfliche Rede hervor, will sich in ihr von unten gebären, auch im Risiko des Geschwätzes, läßt die menschliche Sprache los, statt sie an das vorgesagte Diktat zu fesseln, unterstellt sie aber grenzenloser Aufmerksamkeit. Die Wortwahl der Bibel ist gewiß kein Dokument der Zimperlichkeit oder der systematischen Sorgfalt. Wenn es möglich ist, vom Daseinsgefühl Jesu, von der Stimmung um ihn zu sprechen, dann lese ich daran ab, daß er seine Lage nicht als Quelle der Angst erlebte, nicht unter dem Druck der göttlichen Dauerkontrolle daherging, sondern sich frei, vertrauend, offen bewegte. In dieser Richtung ist wohl auch der Ton zu suchen, der für die Rede über Jesus paßt. Er müßte hin und wieder stark genug sein, die plaudernde Beliebigkeit zu unterbrechen, in der Maske des Tiefsinns hindösende Beschaulichkeit aufzuschrecken, selbst vom Schweigen durchsetzt sein und begleitet vom Wissen, daß alle Worte, die sich finden lassen, Ausdrücke der Hoffnung sind. In dem offenen Raum des göttlichen Gehörs wird keine Silbe verloren, keine ganz verdorben sein, hat jedes Wort vor sich die Zukunft der Wahrheit und bei sich die kritische Geduld in der Zeit, eine unausschöpfbare, abenteuerliche Gelassenheit.

Daß Jesus keine mundige Gestalt ist, die ganz und gar der Harmonie zugehört und überall Zustimmung auslöst, zeigen alle Erfahrungen, die bisher in der menschlichen Geschichte mit ihm gemacht wurden. In den Schriften des NT finden sich viele Hinweise, daß er nicht einfach das liebe, heimatliche Gesicht ist, in dem das Allerlei der Welt sanft zusammengefaßt wird. Stoß und Abstoß gehen von ihm aus, Heftigkeit, Streit, Unterscheidung, Verweigerung der Anpassung und Widerstand. In der lautesten Metapher dafür, die freilich in der heutigen kirchlichen Sprache selten auftaucht, wird Jesus *der Stein* genannt.[2] Nicht, wie Goethe und Rilke es lieber gehabt hätten, die Rose steht für ihn, die Farbe und Duft verströmt, nicht nur das Licht, das alle Menschen erleuchtet, sondern gerade dieses querstehende, schwere, harte, in sich ruhende, im Zusammenstoß gefährliche, wehtuende Element. Er liegt denn auch, sieht man auf die plötzliche Kürze seines Erscheinens, wie ein Findling in der Wiese. Seit glaubende Christen, Sympathisanten und Religionskritiker sich mit ihm befassen, gehen Widerstände von ihm aus, in sehr vielfältiger, gegensätzlicher Art. Denn seine Gestalt, sein Wort und Schicksal wirken von Mensch zu Mensch verschieden. Was dem einen schwierig vorkommt oder gleich absurd, ist dem anderen leicht und einleuchtend. Außerdem haben die frömmsten Christen, die sich um seine Nachfolge bemühen, ihre Probleme mit seinen Forderungen. Die Geschichte seiner Wirkungen ist auch die Geschichte der Schwierigkeiten, die er macht. Freilich ist in so allgemeiner Formulierung noch nicht viel gesagt. Wenn das Thema einigermaßen von den Problemen unterschieden sein soll, die mit jedem Vortrag über Jesus gegeben sind, ist die Frage zu beantworten, in welchem besonderen Sinn vom *schwierigen* Jesus die Rede sein wird. Dazu scheint mir eine Unterscheidung hilfreich zu sein.

Die alltäglichen Widerstände, die von Jesus ausgehen, ihm gegenüber geleistet werden, sind höchst verschieden und von wechselhaftem Charakter. Subjektive Färbungen der Urteile, augenblickliche Stimmungen und Wertungen produzieren ein vielfältiges Spektrum an Haltungen, denen Jesus unangenehm ist. Nicht nur böswilligen Menschen wird das Wort *Tut Gutes denen, die euch hassen* (Lk 6,27) lästig oder lächerlich vorkommen, auch die gutmütigen kennen Anwandlungen, daß sie lieber nicht an das hohe Wort denken, es als ganz unpassend für die wirklichen Situationen des Lebens ansehen möchten. Viele solcher Abstoßungen gehen mitten in der Andacht zu ihm von ihm aus, vom leidenden, be-

---

[2] Lk 20,18; Röm 9,32–33; 1 Petr 2,8; vgl. ThWNT 4, 272–283; 6 ,94–99.

tenden, Wunder vollbringenden Jesus, von dem, der überall dabei ist, erst recht.

Grundsätzlicher sind die Schwierigkeiten, die direkt oder mittelbar mit dem Anspruch Jesu zu tun haben, sich die ganze Tradition hin bis in die Gegenwart durchhalten, über alles Subjektive hinaus eine gewisse Allgemeinheit, auch eine bleibende Bedeutung für das Selbstverständnis des Christentums erlangt haben. In diesem engeren Sinn des Wortes gibt es die Liste der bekannten Fragestellungen, die seit eh und je das christologische Denken bewegen, in loser Aufzählung zum Beispiel:

Die Frage, ob Jesus wirklich gelebt hat, die Weise seiner Bezeugung allein durch die Evangelien.

Die Abstammung Jesu, sein Verhältnis zur Religion des Judentums.

Die Naherwartung des Reiches Gottes und das Verhältnis Jesu zur späteren Kirche. Wie ist auf die Behauptung zu antworten, Jesus sei „innerlich gleichgültig gegen jedes Kirchenideal"?[3]

Was war der Grund des Prozesses gegen ihn und seiner Hinrichtung?

Wie ist es möglich, über den historischen Abstand hinweg zu Jesus in ein Verhältnis zu kommen, aus dem das ewige Heil hervorgeht?

In welcher Weise ist das Verhältnis des historischen Jesus zum Christus des Glaubens zu beschreiben?

Was sagt der Glaubenssatz: *Jesus ist der Sohn Gottes, der Messias, der Menschensohn, der Erlöser, das Licht der Welt?*

---

[3] F. Heiler, Der Katholizismus. Seine Idee und seine Erscheinung, München – Basel 1979, 36.

Wie läßt sich das Bekenntnis zum einen Gott vereinbaren mit dem Bekenntnis zu Jesus, dem Sohn?

Kann der männliche Heiland die Frauen erlösen?

Im Vergleich zu diesem Katalog großer und ehrwürdiger Fragestellungen sind die Schwierigkeiten, über die ich jetzt mit Ihnen nachdenken will, auf den ersten Blick vermutlich geringfügig: die *Winzigkeit,* die *Nacktheit* und die *Häßlichkeit* Jesu. Ich weiß nicht, in welche Klasse sie gehören, ob sie auch theologisch ernsthaft genug sind. Mir scheint jedenfalls, als lasse sich unter diesen unüblichen Bezeichnungen einigermaßen prägnant sagen, was an Jesus auch heute verstört, widersteht, rätselhaft ist, was verhindert, daß er fugenlos in die Koordinaten unserer Vorstellungen und Bedürfnisse paßt. Das muß nicht gleich zutage liegen, das Steinhafte an Jesus wird oft zugedeckt sein von den Zurichtungen gemütvoller, ästhetischer, spekulativer und institutioneller Art. Seine Menschenfreundlichkeit (Tit 3,4) ist eine beliebte Größe geworden, jederzeit zitierbar, eingewickelt in das Allerweltskonsumvokabel *Liebe,* das aus allen Ritzen quillt. So wird es eher verwundern, daß er schwierig sein sollte, steht doch sein Name innerhalb des Christentums und weit darüber hinaus für die rundeste Zustimmung. Der Standpunkt, von dem aus ich rede, ist der Glaube an ihn, der mir zuhört. Die Zuneigung, die mich an Jesus bindet, ist begleitet von Aufmerksamkeit, Fragelust, Rätselgefühlen und Wissenswünschen, die nicht alle befriedigt werden können. Als Prediger in der Stimmung der heutigen Kultur weiß ich aus eigenem Umgang mit den Evangelien, wie stark das aktuelle Interesse an den Texten arbeitet, ausläßt, überbetont, planiert, glättet, das Gesicht Jesu hin und her modelliert. Ich will als aufrichtiger Leser der Bibel sprechen und mich nicht scheuen vor einer gewissen, vielleicht naiven Spontaneität. Das heißt auch einen Schritt zurücktreten aus dem strengen und engen Methodenblick der einzelnen theologischen

Betrachtungsweisen, der Exegese, der Dogmatik, der Moral. Auskünfte aus diesen Bereichen nehme ich gewiß zu Hilfe, aus der Dogmatik mehr, weil ich da weniger Dilettant bin als in anderen Fächern. Und ich benütze Lesefrüchte aller Art. Der Ausgangspunkt ist also ziemlich stark von subjektiven Eindrücken und Urteilen bestimmt, sodaß die Forderung nach katechismusartiger Objektivität nicht erfüllt werden kann. Sicher ist, daß die folgenden Überlegungen nicht aus dem Anspruch kommen, irgendwem einreden zu können, welche Schwierigkeiten man persönlich mit Jesus haben muß. Es geht um die Ursprünglichkeit Jesu, die erfrischende Unruhe, die er aussendet und alle Gewöhnung durchbricht, die sich immer wieder nebelhaft zwischen ihn und die Menschen legt. Ich fürchte nicht, ein Zuviel an Einverständnis oder Harmonie auszulösen, auch deshalb nicht, weil mir viel mehr Fragen einfallen, als ich Antworten bieten kann.

Der winzige Jesus

Die Sinnesorgane, mit denen die menschliche Natur ausgestattet ist, scheinen so konstruiert zu sein, daß es dem Menschen leichtfällt, sich als das Maß aller Dinge vorzukommen. In jedem Fall schützen sie ihn vor der Anschauung der wirklichen Ausmaße des Kosmos. „Die ganze sichtbare Welt ist nur ein unmerklicher Zug in der weiten Höhlung des Alls. Keinerlei Begreifen kommt ihr nahe."[4] Auf der kosmischen Bühne erstrecken sich die Zeit und der Raum in Ausdehnungen, die keiner Vorstellung zugänglich, nur mehr in abstrakten mathematischen Symbolen darzustellen sind. Die Mondlandung der amerikanischen Astronauten hat es erstmals möglich gemacht, die Position der Erde im Weltall von außen zu sehen. Über das Fernsehen konnten das nicht nur die Fachleute tun, sondern eine große Zahl von Menschen. Auch wenn der Bildschirm nur ein kleines Segment des Himmelsraumes um die Erdkugel zeigen konnte, wurde doch sichtbar, wie sie frei dähängt. „So winzig sind sich die Menschen noch niemals vorgekommen, wie wir uns vorgekommen sind, als wir unsere Erde vereinsamt im Raume schweben sahen als einen nichts als existierenden Ball, der vom Dasein des ihn bekriechenden Menschengeschlechts nicht das mindeste verriet, und dessen Aussehen uns wahrhaftig das Recht gegeben hätte, uns zu fragen, ob nicht die Rede von unserer Existenz ein größenwahnsinniges Märchen sei."[5]

Die Adresse *Jesus aus Nazareth* ist für die menschliche Kultur auf dem Erdplaneten von plastischer Deutlichkeit, hineingehalten in den Fluß der Evolution, ver-

---

[4] B. Pascal, Über die Religion und über einige andere Gegenstände (Pensées), hg. v. E. Wasmuth, Heidelberg ⁷1972, 41 (72)
[5] G. Anders, Der Blick vom Mond. Reflexionen über Weltraumflüge, München ²1994, 65.

schwindet sie wie alle anderen einzelnen Dinge und Lebewesen in der unabsehbaren Menge, in der Weite des Raumes, in der Tiefe der Zeit. Es ist kaum möglich, sich in kräftiger Bildlichkeit vorzustellen, was es heißt, ein einzelner Mensch unter fünf Milliarden der Erdbevölkerung zu sein. Man hat *die Menschheit* nie auf einmal vor Augen, um sich mit der eigenen Einzelheit an ihrer Zahl zu messen, ganz unanschaulich wird das Verhältnis, wenn eine Hochrechnung nach der Gesamtzahl der Menschen sucht, die vom ersten Auftreten bis zum Augenblick der Auslöschung allen menschlichen Lebens auf der Erde gelebt haben werden. Willkürlich angenommen, das wären 400 Milliarden Menschen verteilt auf Hunderttausende von Jahren, dann kann noch mathematisch gesagt, aber nicht mehr konkret erlebt werden, was es heißt, eine Partikel dieser Zahl zu sein. Immerhin ist es möglich, über das Gehäuse der faktisch gelebten Mengen, Zahlen und Entfernungen mit Hilfe der wissenschaftlichen Instrumente hinauszublicken auf was wahre Ausmaß der Bedingungen, unter denen das irdische Leben steht. Das Individuum Jesus erleidet, wird es in Beziehung gebracht mit dem Makrokosmos, mit dem realen Kollektiv der Menschheit, in dem es sich an bestimmter Stelle befindet, die quantitative Demütigung, ein kaum sichtbares, kaum zählbares Teilchen zu sein, überflutet von den Ausdehnungen, ausgesetzt der schönen, rätselhaft exakten und unberührbaren Übermacht des Kosmos.[6] Innerhalb wie außerhalb der Kirchen präsentiert die Sprache Jesus ausschließlich in der Art, wie wir uns im Alltag gegenseitig vergegenwärtigen, im heimatlichen Nestdialekt. Er ist der vornehmste Bewohner einer überschaubaren Einheit von etwa dörflichen Ausmaßen. Der sakramentale Wohnort des Tabernakels lokalisiert ihn angenehm in der Nähe. Als der intime Freund der Seele gar entfernt er sich ganz aus dem

---

[6] Vgl. H.-H. Voigt, Das Universum. Planeten – Sterne – Galaxien, Stuttgart 1994.

Universum, als wäre es nichts als ein gleichgültiges Außen ohne bestimmenden Bezug zu diesem einzelnen Leben. Über Jesus liegt zugleich die suggestive Sprache der Bedeutung: Das Symbol *mystischer Leib Christi* nimmt ihn mit der Kirche zu einem Großsubjekt zusammen, der Titel *Menschensohn* erleichtert die Vorstellung, er verkörpere oder fasse die Menschheit aktuell in sich zusammen. So wächst er unvermittelt über die Grenzen seiner Individualität hinaus und verschwimmt diffus im Bild eines Großwesens, das über dem Gewimmel steht. Auf beide Weisen ist er dem Blick entzogen, der seine gestalthafte Quantität in Beziehung bringt zu den kosmischen Erstreckungen. Dem Auge des Glaubens entgeht die Wahrnehmung des Gefälles, von dem die Einleitung zum Johannesevangelium spricht: *Durch ihn, den Logos Gottes, ist alles geschaffen* (Joh 1,3) und derselbe *Logos ist Fleisch geworden* (Joh 1,14), heißt Jesus, ist in diesem Individuum anwesend, in zeitlich und räumlich datierter Lebensfrist, hat ein bestimmtes Körpergewicht. Die Strecke wäre zu gehen von diesem Teilchen im Strom des Geschaffenen hin nicht nur zum Ganzen des Universums, sondern zu der Wirklichkeit, die des Alls mächtig ist. Oder sollte der Glaube nichts sein als Wahrnehmungsvermeidung, der Sprung über die Abstände, die Kapitulation vor ihrer Ungeheuerlichkeit? Hätte er nichts an sich von dem Abenteuer, wenigstens der Ahnung nach den Dimensionen ausgesetzt zu sein? Vielleicht sollte Jesus dann und wann durch banale Vergleiche, durch grobe Hinweise auf die realen Zahlen und Größenverhältnisse aus dem schönen Gewebe der kleinen Heimlichkeit hervorgeholt werden, damit der winzige Umriß seines Leibes sichtbar wird. Dieser ist nicht der bloße Ausgangspunkt für die Christustheorie, der dann verlassen oder von der Idee absorbiert werden könnte, er ist die irdisch greifbare Gestalt, auf die sich die Gedanken beziehen, wie immer groß und himmlisch sie sich entfalten mögen. Die von den Fußsohlen Jesu beschriebene Erdfläche im jüdischen Land bleibt der

Punkt, auf den alle Spekulation über sein wahres Sein zurückkehren muß. Er ist, bevor er der *neue Adam* genannt wird (Röm 5,12–21), der Milliardstelmensch. Aus dieser simplen Beobachtung schon ergibt sich, daß Jesus als Individuum in Raum und Zeit geortet ist. Auch ihn bindet die Perspektivität der einzelnen Wesen und Dinge in der Welt. Auch er befindet sich auf einem Punkt, von dem aus er einen begrenzten Horizont wahrnehmen und handelnd erreichen kann. Der umgreifende Blick ist ihm verwehrt, der Platz, auf dem er sein Leben vollzieht, bleibt unvertauschbar der seine, in scharfer Andersheit geschieden von anderen Lebensplätzen.

Die physische Zufälligkeit, durch die er allen materiellen Bedingungen der Existenz auf diesem Planeten ausgesetzt ist, hat eine auffällige Entsprechung in der Kürze seiner historischen Sichtbarkeit. Von den etwa fünfunddreißig Jahren seines Lebens reichen knappe drei in die Öffentlichkeit der Geschichte, vielleicht war diese Spanne noch erheblich geringer, manche sprechen von einem halben Jahr. Es gibt Menschen, die wirken wie ein runder, langer Sonnentag zwischen Morgen- und Abendrot. Joseph Haydn[7] zum Beispiel war es gegeben, in siebenundsiebzig Jahren den Bogen des Lebens ganz auszuschreiten, ihn mit Werken zu füllen, die ihm am Ende das Gefühl geben konnten, alles getan zu haben, was ihm möglich war. Hier der ruhige Rhythmus einer ausholenden Bewegung, die verweilende Auslegung eines Lebensromanes, und für den Betrachter die befriedigende Überschaubarkeit, die lang in der zeitlichen Erscheinung sich durchhaltende Gestalt, die das Lebensrätsel geduldig belagert. Bei Jesus dagegen der blitzartige, mit dem Steigen der Leuchtkugel vergleichbare Auftritt, der jäh, mitten in der Bewegung bricht. Er hat keine Schrift hinterlassen, sich nicht des wirksamsten Mittels der Kontinuitätsstiftung bedient, sondern sich mit apho-

---

[7] Vgl. Joseph Haydn mit Selbstzeugnissen und Bilddokumenten, dargestellt von P. Barbaud, Reinbek bei Hamburg 1991.

ristischer Mündlichkeit begnügt. Wer sich nicht scheut, ungehörige, die Zeitverschiebung mißachtende Vergleiche zu machen, kann einmal den Aufwand an Personal, Geld und Zeit, der für die Herstellung des *Weltkatechismus*[8] nötig war, mit der Entstehung der Texte zusammenhalten, die von Jesus erzählen. Er vertraut seine Sache dem Wort an, das gesprochen wird, ohne Anordnungen für dessen Aufbewahrung, frei hingesagt wird es genügen und stark sein. Damit kommt er nicht recht auf gegen die systematische Arbeit am verläßlichen Kompendium von 816 Seiten. Die Verschiedenheit der Evangelien spiegelt die fragmentarische Beschaffenheit des Wissens um Jesu Biographie, die Abhängigkeit vom Gesichtspunkt der Gemeinden, die seine Botschaft weitertragen, und demonstriert eine Sorglosigkeit, von der sich die synthetische Wucht des Katechismus überlegen abhebt. Hätte Jesus das Produkt des späten Kirchenbuches im Sinn gehabt, wäre ihm nicht nur die Zeit zu kurz geworden, er hätte wohl auch ein anderer sein, seinen Lebensraum viel kompakter ausfüllen müssen. Die Plötzlichkeit, die Kürze, die Unterbrechung sind die Merkmale seines Daseins. Die Einübung des christlichen Auges durch die Bilder, die durch die gesamte Tradition hin anhält, hat bewirkt, daß die Zerstücktheit des Lebens Jesu einem fast lückenlosen Zusammenhang der Szenen von der Krippe bis zur Himmelfahrt gewichen ist. Vor allem die triviale Ausmalung der Phantasie ließ keine Brüche zu, füllte aus, schuf anschauliche Normalität und beruhigte das Gemüt gegen die Gefahr einer verstörenden Ungewöhnlichkeit.

Jesus ist als Individuum in der räumlichzeitlichen Welt plaziert. Sein Auftreten, die Hervorhebung seines Namens durch den Glauben geschieht von diesem Punkt aus. Alles, was gezeigt, erlebt, gesagt wird, erläutert diesen Ort und diesen Augenblick Jesu. Im NT steht ein markantes Wort dafür: *einmal für allemal*[9].

---

[8] Katechismus der Katholischen Kirche, München 1993.

Schon an dieser Stelle ist vom Ärgernis zu sprechen, das Jesus für eine bestimmte Form der Mystik darstellt, die bis heute auch im Christentum ihre Anziehung ausübt. Ich kann mich nicht bei der aussichtslosen Arbeit aufhalten, den Begriff *Mystik* zu definieren[10], sondern nur versuchen, so deutlich wie möglich zu sagen, was ich für ein begrenztes Feld dieses Phänomens behaupte. *Es gibt eine Deutung der Glaubenserfahrung, nach der im mystischen Erlebnis eine direkte, reine Verbindung mit dem göttlichen Sein geschieht und zugleich endgültig klar wird, daß die Welt der vielfältigen Geschöpfe spurlos in die absolute Einheit des göttlichen Prinzips zurückfließt. Die Freude des Verschwindens erfaßt alles. Der einzelne Jesus ist in diesem Konzept entweder eine an den Rand der Aufmerksamkeit gedrängte Verlegenheit oder er wird dem Strom des Rückflusses übergeben und von der Bewegung in das Eine überholt.*
Die Anläufe zur mystischen Überholung Jesu sind zum Beispiel bei Meister Eckhart (1260–1328) deutlich zu sehen.[11] Er lehrt, daß Gott Sein ist und der Mensch das pure Nichts, daß Gott also das Sein der Geschöpfe ist. Die Vielheit des Geschaffenen, das in die ungezählte Einzelheit der Formen zerstreut ist, sieht Eckhart vorwiegend vom Gesichtspunkt der Verneinung her. Es steht im Unterschied zum einen und einzigen Sein, das jenseits aller Unterschiede, auch jenseits der Differenz der göttlichen Personen die heilige Urwirklichkeit ist. Im Abstand vom Ureinen bildet sich ein Bereich der Ferne, der Entfremdung und der Angst. Der Weg, der aus diesem Zustand herausführt, ist ein Weg *zurück* aus den kreatürli-

---

[9] Röm 6, 10; 6; Hebr 7,27; 9,12; 10,10.
[10] Vgl. A. M. Haas, Mystik als Theologie, in: ZkTh 116 (1994) 30–53; K. Ruh, Geschichte der abendländischen Mystik I. München 1990; J. Weismayer, Leben in Fülle. Zur Geschichte und Theologie christlicher Spiritualität, Innsbruck 1983, 115ff.
[11] A. M. Haas, „… Das Persönliche und Eigene Verleugnen". Mystische *vernichtigkeit und verworffenheit sein selbs* im Geiste Meister Eckharts, in: Individualität, hg. v. M. Frank und A. Haverkamp (Poetik und Hermeneutik XIII), München 1988, 106–122.

chen Unterschieden in die göttliche Einheit, das Mittel dazu die „totale mystische Zurücknahme"[12] der Subjekte, der Individuen und der Personen, der Vielheit insgesamt. Das hat Konsequenzen für die Rolle, die Jesus zukommen kann. Der Gottmensch ist zwar die Schaltstelle, in der die Umwandlung der Schöpfungswelt in den Seinsstand der namenlosen Einheit geschieht. Die Verbindung des göttlichen Wortes mit der menschlichen Wirklichkeit geschieht aber nicht auf der Ebene der individuellen Person, sondern der Natur. Gott wird Menschheit, dieser Mensch nur in bezug auf die zeitlose, unberührbare und innere Natur. Deshalb richtet sich denn auch die Aufmerksamkeit des Glaubens nicht auf die im Gottmenschen erscheinende Individualität, sondern ganz auf das Ziel, dem sie dient, die ungeschiedene Einheit. Jesus, das in Zeit und Raum geortete Individuum, bleibt bei Eckhart gewissermaßen im Schatten der Voraussetzungen, die er in seiner Theologie nicht weiter anrührt, im Zusammenhang seines Denkens unbeachtet läßt, weil er ihm keinen angemessenen Platz anweisen kann.[13]

Dem mittelalterlichen Meister heute mit Fragen zu kommen, scheint nicht ratsam zu sein. Er hat wie sonst kaum ein Theologe der Tradition Ansehen und Wirkung über den Kirchenbereich hinaus und liefert gerade religiösen oder religionsnahen Trends Gewähr und Argument, die in der heutigen Atmosphäre über alle Grenzen hinweg das Eine oder Ganze anzielen. Eckhart kommt außerdem mit einem Kompetenzanspruch, den man anderen, gewöhnlichen Theologen meistens sehr übelnimmt, ihm aber gern gutschreibt. Es mag mit dem Erlebnis hoher Intensität und großer Gewißheit zu tun haben, die sich im „mystischen" Augenblick einstellen, wenn er in der Predigt zu Mt 5,3: *Selig die Armen im Geist...* seinen

---

[12] A. M. Haas, Das Persönliche 111.
[13] Vgl. D. Mieth, Christus oder das Soziale im Menschen. Texterschließungen zu Meister Eckhart, Düsseldorf 1972, 143.

Zuhörern folgenden Satz hinsagt: „Wer diese Rede nicht versteht, der bekümmere sein Herz nicht damit. Denn solange der Mensch dieser Wahrheit nicht gleicht, solange wird er diese Rede nicht verstehen. Denn es ist eine unverhüllte Wahrheit, die da gekommen ist aus dem Herzen Gottes unmittelbar."[14] Ein Standpunkt dieser Art ist gegen jede Widerrede geschützt. Die Eckhartexegeten wissen mit Recht einiges zu sagen über den provokatorischen und revolutionären Charakter der neuen Sprache, die von ihm kam.[15] Das sei nicht bestritten, aber ich denke, es ist an der Zeit, mitten in die Bezauberung hinein vom Stolz zu reden, der aus der Literatur zur Mystik oft in versteckter, dann und wann auch in lauter Form spricht, den Stil mit sublimen Überlegenheitsgesten füllt. Die Position am Gipfel der Erfahrung, auf dem Wahrheitspunkt begünstigt nicht bloß das Bewußtsein, ein neues Sprachspiel gefunden zu haben, sondern legt die Gewißheit nahe, in die wahre Erkenntnis Gottes eingedrungen zu sein und darin den absoluten Primat der ungeschiedenen Einheit so erfaßt zu haben, daß sie nach Art einer Offenbarung mitgeteilt werden kann. Der normale Glaube, die alltägliche Massenform des Verhältnisses zu Gott, auf die nicht selten mitleidig zurück- und herabgeblickt wird, hat dagegen mindestens Bescheidenheit für sich, mag er sonst von allerlei Mängeln der Äußerlichkeit und Buchstäblichkeit behaftet sein. Er sieht diesen Jesus, bleibt stehen und verweilt bei ihm, den wir *gehört, mit unseren Augen gesehen haben, den wir zu schauen und unsere Hände zu tasten bekamen*[16], hält die Andacht vor der Einzelheit, die der Einordnung in Ganzheiten aller Art widersteht. Diese wie immer anfängliche, dem glimmenden Kerzendocht (Mt 12,20) ver-

---

[14] Meister Eckehart. Deutsche Predigten und Traktate, hg. v. J. Quint, München ⁴1977, 309.
[15] B. Welte, Meister Eckhart. Gedanken zu seinen Gedanken, Freiburg 1979, 260–261; Mieth, Christus 59ff.
[16] 1 Joh 1,1; vgl. R. Schnackenburg, Die Johannesbriefe (HThK 13,3), Freiburg 1953, 44–50.

gleichbare Gestalt des Glaubens leistet wenigstens das notwendige *Halt vor Jesus.*
Von da aus gehen Fragen an das Konzept, das Eckhart auf den Weg gebracht hat, das heute in vielen vereinfachten, auch simplifizierten Formen verkündet wird.

> Bei der Lektüre seiner Texte will einem Herodots lakonische Behauptung nicht aus dem Kopf, „daß das Göttliche neidisch ist"[17]. Es wäre albern, der neuplatonischen Idee, von der Eckhart stärker bestimmt ist, als heutige Leser zulassen wollen, die groben mythischen Gottesbilder zu unterschieben. Sie enthält aber noch einen Rest von dem, was der Historiker in den Göttergeschichten am Werk sah. Der Neid ist nicht verschwunden, er scheint an die letzte Stelle zurückversetzt zu sein, in das ureine Sein, und dort wird er die stärkste Wirkung haben. Ist das Überbleibsel an Mißmut und Sorge zu überhören, wenn es in einer Predigt heißt: „Gott will immer allein sein; es ist eine notwendige Wahrheit, und es kann nicht anders sein, als daß man Gott immer allein im Sinne haben muß"?[18] Das Ausgehen der Macht Gottes hin in die Schöpfung, in den Bereich der nichtgöttlichen Vielfalt und Einzelheit steht unter einem Vorbehalt, der immer wieder durchbricht: Besser ist für die Geschöpfe der Ort *vor* der Schöpfung, vor dem Antritt des wirklichen Weges in Zeit und Raum und Individualität. In metaphysischer Hast wird die Gabe im Augenblick des Gebens wieder zurückgeholt, als schöbe der Schöpfer den Boden nur hin, um ihn mit gleicher Bewegung wieder wegzuziehen. Die Kreaturen kommen in dem ihnen eigenen Sein nicht zum Stehen.[19] Gott atmet ein. Das ist die Stellung der Geschöpfe. Auch Jesus, gerade er, muß es schwerhaben, im Sog

---

[17] Herodot, Historien 3, 40,1.
[18] Predigt 46, in: J. Quint, Deutsche Predigten und Traktate 373.
[19] K. Rahner, Schriften zur Theologie III, Einsiedeln 1956, 53.

dieses Vorbehaltes seinen Ort zu finden. Der Bewegung des Logos, der in die Welt hineindrängt, die Struktur der Materie aufsucht, wird mystisch der Rücklauf vorgeordnet, und die Fleischwerdung wird ein episodisches, uneigentliches Moment an der Einholung der geschöpflichen Vielfalt.

Die Theologie der ungeschiedenen Einheit besteht zu einem gewissen Teil in der Scheu vor der Möglichkeit, Gottes Zumutungen an die Kreaturen könnten so stark sein wie sein Trost. Sie vermag nicht ausführlich genug bei dem Gedanken zu bleiben, daß Gott, der Eine, sein Werk hinausgetrieben hat in die ungeheure Äußerlichkeit des Makro- und Mikrokosmos, daß Gott ausatmet. Vielleicht ist es erlaubt, aus der Verfassung des Universums ein Bild zu nehmen, das eine Vermutung nahelegt. Die Astrophysik spricht in einer ihrer Theorien davon, daß der Kosmos sich vom explosionsartigen Anfang, dem Urknall, her mit großer Geschwindigkeit ausdehnt und die Galaxien auseinander in die Ferne streben. Die lautlose Präzision, mit der die Sonnen voneinander wegfliegen, könnte eine Andeutung sein für die sorglose Ausstreuung des Alls durch den Schöpfer, der die Kreatur in allen ihren großen und kleinen Teilen hinwirft auf sich selbst. Das Schwindelgefühl der Verlorenheit, das sich im ungeheuren Übergewicht des Kosmos einstellt, gleichgültig, ob er fliegt oder steht, versuchen die Theologien der Heimkehr zu heilen durch die *Rückbergung in die Heimat des Ursprungs.* Daher ihre manchmal beschwörende Sprache der Reduktion, die den Zustand des Daheimseins herstellen, das räumlich-zeitliche Fließen im mystischen Sprung überholen soll. Das Individuum Jesus ist für diesen naturhaften Trieb ins Ganze zurück schwierig, wenn seine Winzigkeit bemerkt wird. Denn er steht für eine Blickumkehr. Der Glaube sagt: Eben mit diesem Pünktchen Mensch in der Diaspora der Geschöpfe ist die Gegenwart Gottes in ihrer brennendsten Möglichkeit verbunden. Jesus hält bis zum letzten fest an der Seinswürde der Einzelheit. Sein Kreuzschrei wird auch noch in der sanfteren Version[20] nicht als Ausdruck der zurückweichenden Resignation oder des Verdrusses zu verstehen sein, daß er draußen sein muß, hingeworfen an die äußerste Stelle. Noch der Sterbende besetzt sie, besteht auf ihr und fordert auf ihr die göttliche Lösung ein. Er verschwindet nicht stumm ins Ganze, sondern stirbt laut, sucht die Verknüpfung mit der unsichtbaren und unfühlbaren Liebe. Also nicht einschmelzen, sondern Verbindung schaffen scheint die Absicht zu sein. Jesus eignet sich nicht gut als Motor des transzendentalen Heimflugs der Seelen, er ist viel eher die Ermutigung hinein und hinaus an die Extremitäten der Schöpfung, in die Labyrinthe der Geschichte. Wäre nicht auch Evangelium: Die Befreiung aus der hörigen Sorge um den Sitz im unbewegten Schoß des Göttlichen, der Lockruf zu Mündigkeit und Ausgang in die Härte der Umrisse, das Vertrauen, sich in allem Äußeren fallen und treiben zu lassen mit Gott, der das Fahrzeug bestiegen hat, für die unabsehbare Tour?

Die quantitative Betrachtung erreicht noch nicht alles, was die Zufälligkeit Jesu ausmacht, die menschliche Qualität, die Innenseite seiner Gestalt ist noch bedeutsamer.
Dem Leser der Einleitung zum Johannesevangelium strömen Superlative entgegen, nach denen sich leicht eine überirdische Silhouette zeichnen läßt: Uranfang, Gottwort, alles durch ihn geworden, wahres Licht der Menschen, Herrlichkeit, Gnade, Wahrheit, Fülle, Sohn im Schoß des Vaters. Dann heißt es: Für dieses Gottsein in Gott gibt es auf der Erde ein konkretes, einzelnes menschliches Substrat, das mit Namen zu nennen ist, Je-

---

[20] Vgl. Mk 15,34; Lk 23,46; Joh 19,30; vgl. G. Ebeling, Dogmatik des christlichen Glaubens II, Tübingen 1979, 191–192.

sus. Geht die Einbildungskraft den Gang des Textes mit von oben nach unten, fällt ihr nichts leichter als die Vorstellung, auf diesem Weg müsse, wenn überhaupt jemals in der menschlichen Geschichte, das unüberbietbare *Gesamtkunstwerk* entstanden sein, die konkrete Zusammenfügung der göttlichen und der menschlichen Sphäre. In dieser einzigen Gestalt müßte die göttliche Vollkommenheit mit der menschlichen Vollständigkeit zu einem Bild verbunden sein, das mehr ausdrückt als Gott für sich allein. Es gibt in der Tat bis heute Versuche, im Zuge dieser Ableitung aus Jesus den kompletten Menschen zu machen. Die Beispiele sind in der alten und neuen Theologie leicht zu finden.

Jesus als das Subjekt des totalen Wissens

Spätestens im Mittelalter hat sich die Theologie darangemacht, den Wissensstand Jesu zu rekonstruieren. Für den Glauben ist das konkrete menschliche Sein Jesu verbunden mit der Wirklichkeit des göttlichen Logos. Daraus ergibt sich, sagt die Theorie, daß die Form der Wissensfindung und des Wissensbesitzes für ihn in völlig einmaliger Weise verändert wird. Jesus hat demnach ein Wissen, das sich in dreifacher Stufung vollendet. Vom ersten Augenblick der Empfängnis im Leib Marias an ist er ausgestattet mit der seligen Schau. Er lebt auf Erden ununterbrochen mit der Erkenntnis Gottes, wie sie den Heiligen im Himmel gegeben ist, übertrifft diese allerdings an Intensität und Vollständigkeit. Auf dieser Ebene schon ist ihm die Gesamtheit alles Wirklichen bekannt, also Gottes Wesen und Wirken, und in Gott weiß er alle Kreaturen. Jesus verfügt noch über eine zweite Form der Erkenntnis. Durch das Wort Gottes, das in ihm wohnt, werden ihm alle Wissensinhalte eingegeben, der Erfahrungsweg ist übersprungen. Daher sind auch die Zufälligkeiten der Erfahrung, die das Wissen immer einschränken, ausgeschlossen, das Wissen Jesu ist unbegrenzt, es umfaßt die Gesamtheit alles natürlich zugänglichen Wissens und alles, was dem Menschen durch die göttliche Offenbarung bekannt werden kann. Zu diesem eingegossenen kommt schließlich noch ein drittes Wissen, das im Lernprozeß der Erfahrung erworben wird. Wie es möglich ist, diese Stufen der Erkenntnis in der Einheit eines Bewußtseins unterzubringen, ist Gegenstand weiterer Überlegungen, die jetzt beiseite bleiben können.[21] Wichtiger ist das Interesse, das mit der Theorie vom umfassenden Wissen Jesu verbunden wird. Pius XII. hat es in der Enzyklika *Mystici corporis* genau beschrieben: „Jene liebevollste Erkenntnis, mit der uns der göttliche Erlöser vom ersten Augenblick seiner Menschwerdung entgegenkam, übertrifft jede sich mühende Kraft des menschlichen Geistes. Denn vermöge jener seligen Schau, der er sich sogleich nach der Empfängnis im Schoß der Gottesgebärerin erfreute, sind ihm alle Glieder des mystischen Leibes beständig und immerzu gegenwärtig, und er umfängt sie mit seiner heilbringenden Liebe... In der Krippe, am Kreuz, in der ewigen Herrlichkeit des Vaters hat Christus alle Glieder der Kirche in seinem Blick und in seiner Gemeinschaft, weitaus klarer und weitaus liebevoller als die Mutter, die ihr Kind im Schoß hält, als jeder sich selbst erkennt und liebt."[22] Im Wissen des irdischen Menschen öffnet sich ein Raum, in dem innerhalb der geschaffenen Welt und ihrer Geschichte eine universale Aufmerksamkeit aufge-

---

[21] Vgl. die ins einzelne gehende Darstellung des ganzen Themas bei F. Suarez, Opera omnia 18, Paris 1866, 11–84 (Disputatio XXVI–XXX); vgl. auch Nr. 471–474 im Katechismus der Katholischen Kirche und den Überblick bei H. Riedlinger, Geschichtlichkeit und Vollendung des Wissens Christi (QD 32), Freiburg/Br. 1966.

[22] Nr. 76, zitiert und von mir übersetzt nach S. Tromp, Pius Papa XII: De mystico Jesu Christi corpore deque nostra in eo cum Christo coniunctione, Rom 1948, 46; Katechismus der Katholischen Kirche Nr. 478: „Jesus hat während seines Lebens, seiner Todesangst am Ölberg und seines Leidens uns alle und jeden einzelnen gekannt und geliebt..."

brochen ist, eine liebende Erkenntnis des Ganzen und aller Einzelheiten in der Weltzeit, das ewige Gedenken für alle, die intime, mütterlich bergende Schoßheimat. Weil dieses Wissen alles umfängt, kann der einzelne Mensch seine Empfindung, in *Finsternis und Todesschatten* (Lk 1,79) zu leben, von einer ungeheuren, ihn gar nicht kennenden, ihn dauernd vergessenden Welt umgeben zu sein, in einem konkreten Bewußtsein innerhalb der Geschichte unterbringen, überwinden und erlösen lassen. Er darf sich mit der Dunkelheit der eigenen Existenz immer wieder in das allumfassende Wissen Jesu flüchten.

Jesus als das Subjekt der totalen Begabung und Erfahrung

Auf dem Feld der persönlichen Eigenschaften, Fähigkeiten und Verhaltensweisen ist Jesus einer ähnlichen Deutung unterworfen worden. Die alte Theologie spricht vorwiegend von der kompletten Ausstattung Jesu im Hinblick auf die Gnaden, Tugenden und Geistesgaben. Die heiligmachende Gnade war in einzigartiger Fülle über ihm ausgegossen. Von den Tugenden wird ihm alles zugesprochen, was ihren Erfüllungsgehalt ausmacht, nicht, was an zeitlicher Arbeit damit verbunden ist, also nicht der Glaube und die Hoffnung, wohl aber die Liebe, nicht die mühsame Erlernung der Gerechtigkeit, Tapferkeit, Klugheit, Mäßigkeit, aber das Ergebnis, in diesem Sinn auch der Geist des Gebetes, die Einfügung in den göttlichen Willen, die Feindes- und Nächstenliebe, Demut, Sanftmut, Gehorsam, Selbstverleugnung, Abtötung. Die sieben Gaben des Heiligen Geistes erfüllen ihn: Weisheit, Verstand, Rat, Stärke, Wissenschaft, Frömmigkeit, Furcht des Herrn und dazu die Früchte des Geistes: Liebe, Friede, Güte, Freude, Langmut, Geduld, Treue, Bescheidenheit, Enthaltsamkeit und Keuschheit. Außerdem sind zu nennen die unfehlbare Ausrichtung des Willens, die helle Organisation des Gefühlslebens und

nicht zuletzt eine entsprechende leibliche Konstitution, deren Vollkommenheit bestimmte Gebrechen und Krankheiten von vornherein ausschloß, zum Beispiel Aussatz oder Epilepsie.[23] Die heutige Literatur zu Jesus hat sich von dieser Sprache gewiß ein Stück weit entfernt. Die Zurückhaltung zeigt sich vor allem in den dogmatischen Lehrbüchern. Dort ist die überlieferte Ausführlichkeit meistens auf abstrakte Bemerkungen zur Menschlichkeit Jesu geschrumpft: „Der wahrhaft menschliche Mensch ... in seiner mit uns geteilten vollen Menschlichkeit der ganz andere... ein Anderes und ein Mehr."[24] Wo es um religiöse Erfahrung geht, in den Schriften zu all dem, was heute Spiritualität heißen kann, springt das Interesse noch immer hemmungslos hervor. Anders als die Tradition, aber auch mit ihrer Rücksichtslosigkeit gegenüber dem Individuum Jesus erhebt ihn diese Faszination zum Subjekt des totalen Erlebens. Jesus hat alle Erfahrungen gemacht, daher ist er der erste neue Mann, das Modell menschlichen Lebens für alle Menschen, die geistige Atombombe und Supermacht unseres Planeten, der göttliche Mensch, weil er ein ganzheitlicher Mensch ist, der das Weibliche und das Männliche in sich zusammenfaßt und deshalb der glücklichste Mensch in der ganzen Weltgeschichte ist. Jesus hat sich mit absoluter Wirksamkeit vermittelt, er war der unfehlbare Motivator, von dem die Sehnsucht träumt: *Er hätte mich unter allen denkbaren Umständen so zubereitet und gewonnen, daß ich rückhaltslos zugestimmt hätte.*[25]
Jesus zieht die Konstrukteure an, die seine Seele unter dem Elektronenmikroskop behandeln. Nach wie vor ist das Tor offen für jede Zurichtung seiner menschlichen

---

[23] vgl. F. Suarez, Opera omnia 18, 171–312.
[24] H. Kessler, Christologie, in: Handbuch der Dogmatik 1, hg. v. Th. Schneider, Düsseldorf 1992, 392–393.
[25] H. Wolff, Jesus, der Mann. Die Gestalt Jesu in tiefenpsychologischer Sicht, Stuttgart 1975; L. Swidler, Der umstrittene Jesus, Stuttgart 1991.

Verfassung. Es gibt zwar in der christlichen Theologie eine vorzügliche Regel für das Denken über Gott und Christus und Geist: „Was sich für Gott geziemt, das ist nicht nach dem menschlichen Geschmack zu beurteilen, sondern nach der göttlichen Weisheit und Güte."[26] Das wird häufig in dem Augenblick beiseite gesetzt, wo der Abstand zwischen der Weisheit Gottes und dem Urteil der Menschen in Vergessenheit gerät. Auf einmal und immer wieder ist Platz für das alte, natürliche Bedürfnis, der überweltlichen Fülle und Schönheit Gottes die fugenlose Entsprechung bereitzustellen, das vollkommen ausgebaute Menschenindividuum. Deshalb gibt es eine spekulative Gewalttätigkeit, die zudringlich in alle Winkel der Seele Jesu einsteigt, vor keinem Postulat zurückschreckt, über sie verfügt wie der Käufer eines leerstehenden Hauses, der Umbauten befiehlt und Einrichtungen hineinstellt, wie es ihm gefällt. Ihr wird viel erlaubt, sie braucht wenig Rechtfertigung, weil sie mächtigen Wünschen entgegenkommt. In diesem Horizont steht der sichernden Magie des Denkens, die innerhalb der Menschenwelt den ewigen Innenraum der Weisheit herstellen will, kaum etwas im Weg. Müßte Jesus nach diesem Prinzip nicht alles in sich versammeln, die Totalmontage Mensch sein, wenigstens eine Summe aus Mozart, Hildegard von Bingen, Caesar, Drewermann, Maria Theresia, Goethe, Franz, Picasso, Johannes XXIII., Einstein?

Warum soll er denn auch nicht das göttliche Genie des Wissens und der Erfahrung gewesen sein? Wäre das nicht zu begrüßen und mit Freuden anzuerkennen? Der weite Bereich des Wünschenswerten und Möglichen, den die konstruierende Phantasie befährt, wird nicht eingeschränkt durch eine mißgünstige, kleinmachende Vernunft, nicht durch den Unglauben, der nicht mehr weiß, daß bei Gott alle Dinge möglich sind. Die Zeugen des Lebens Jesu, die gewiß groß von ihm gedacht haben,

---

[26] F. Suarez, Opera omnia 18, 173.

sehen ihn nicht so. Was die Jüngerschaft Herrliches an ihm erlebte (Joh 1,14), die Gottesluft um ihn, die Stärke der Person, Autorität, Weisheit, Freiheit, bestand offensichtlich nicht in seiner Allwissenheit und Allerfahrung. Er müßte sich aus dem Bestand einer himmlischen Wissensform heraus sehr anders bewegt haben, als die Quellen es andeuten. Die Überraschungen, die seine Bewegung im Raum bringt, die Anrührungen, die unvermuteten Schläge, sein spontanes Handeln, die Angst und das Reden wären nicht mehr sein Geschick gewesen, aus Freiheit und Widerfahrnis gemischt, sondern das längst bekannte Material, durch das er hätte waten können. Sein seelisches Befinden wäre nicht mehr unter der Bedingung des zeitlichen Geschickes gestanden, er wäre den Weg der Menschen gewissermaßen pro forma nur mit den Füßen gegangen, während der Oberleib schon in der schauenden Ruhe des Himmels aufgehoben gewesen wäre.

Was ihm ganz abging, war der Erlebnishunger, den die Moderne als ihr Prinzip verehrt. Sein Leben war ein Bruchstück dem tatsächlichen Verlauf nach, aber auch grundsätzlich vom Verhalten und von dem her, was wir seine Begabung nennen wollen. Bei ihm findet sich keine Spur der Angst, die Erfahrungsmöglichkeiten nicht auszuschöpfen zu können. Die Ganzheitlichkeitssorge bedrängte ihn nicht, obwohl die Ausstattung seiner Person viele Ergänzungen nahelegte. An dieser Stelle setzt denn auch die Jesuskritik an, wie sie zum Beispiel Arno Schmidt formuliert hat: „Die Persönlichkeit des Mannes, nach dem sich immerhin 30 Prozent der Menschheit nennen, genügt mir nicht! – Was würden wir heute sagen, wenn ein junger Mann aus irgendeinem unbedeutenden Zwergstaat käme; einem der immer wieder vorhandenen und nicht nur ‚wirtschaftlich unterentwickelten' Ostgebiete; keiner der großen Kultursprachen mächtig; völlig unbekannt mit dem, was in Jahrtausenden Wissenschaft, Kunst, Technik, auch frühere Religionen geleistet haben – und ein solcher stellte sich vor uns hin mit den dicken Worten: ‚Ich bin der Weg; und die Wahrheit; und das Leben'? Wir müßten's uns durch einen herbeigerufenen Dolmetsch erst noch mühsam aus dem barbarischen Dialekt übersetzen lassen – würden wir nicht halb belustigt, halb verständnislos ihm raten: ‚Junger Mensch: Lebe erst einmal und lerne: und komme dann in dreißig Jahren wieder!'? Genau dies aber war der Fall mit Jesus von Nazareth: er verstand weder Griechisch noch Römisch, *die* beiden Sprachen, auf denen seit vielen hundert Jahren alle nennenswerte Kultur beruhte (und beruht!). Er war mit Homer und Plato ebenso unbekannt wie mit Phidias und Eratosthenes: was ein solcher Mann behauptet, ist für mich von vornherein *indiskutabel!*"[27] Schmidt hat offenbar vor Augen, was in heutiger Sprache das Anforderungsprofil für das Menschheitsamt des Messias genannt werden müßte. Natürlich wird dessen Beschreibung sehr verschieden aussehen, je nach Kultur, Zeit, sozialem Status und individuellem Dafürhalten derer, die sie formulieren. Und die Stifter der großen Religionen würden, an den variablen Standards gemessen, von Mal zu Mal andere Noten bekommen. Deshalb ist es kaum möglich, Jesus an einem allgemein anerkannten Maßstab zu messen. Immerhin gibt es das Spektrum der menschlichen Möglichkeiten, die bis jetzt bekannt geworden sind, weil sie gelebt wurden und den Reichtum der Geschichte ausmachen. So kann wenigstens genannt werden, was an Jesus auffällt, wenn er in die Reihe der maßgebenden Menschen gestellt wird. Mit der losen Aufzählung dessen, was bei ihm fehlt, ist noch kein Qualitätsurteil gesprochen, sie hilft aber, den Umriß seiner Gestalt deutlicher zu erfassen.

Jesus hat wenig Welt gesehen, ist über seine enge Heimat nicht hinausgekommen.
Der Bereich der Politik und der Wirtschaft bleibt ihm

---
[27] Zitiert nach H. Wolandt (Hg.), Jesus – Ein kritisches Lesebuch, München 1993, 110.

fremd. Seine Botschaft stellt keine überragende Arbeit auf dem Gebiet des Denkens dar, die Tradition der Philosophie hat ihm nichts bedeutet. Immerhin waren schon an großen Leistungen vorhanden die Vorsokratiker, Sokrates, Platon, Aristoteles, Zenon, Epikur, Cicero, Aischylos, Sophokles, Euripides, Laotse, Konfutse, Buddha, die Veden, Athen, Indien, Ägypten. Die Quellen bekunden für Jesus weder einen Lernprozeß noch eine Auseinandersetzung mit dieser Überlieferung.

Die Sprache Jesu ist verglichen mit der seiner Zeitgenossen im Wortschatz und in der Gestaltungskraft bescheiden.

Er hat nicht als Künstler gearbeitet.

Die Schöpfung als Natur, die Welt der Tiere und der Pflanzen war nicht Gegenstand seiner Aufmerksamkeit, Jesus kennt keine kosmische Sympathie.

Jesus war nicht an den Werken der Kultur interessiert.

Jesu Reden und Handeln zielt ausschließlich auf die Gegenwart, der menschlichen Sorge um die Zukunft gegenüber bleibt er gleichgültig.

Jesus hat die Erfahrung der Ehe gefehlt.

Jesus ist kein Beispielgeber für die konkreten Lebensfälle. Er arbeitet in der Zeit seiner religiösen Sendung nicht, wird nie bei einer schwierigen Aktion der Nächstenliebe gezeigt, nie in der realistischen Alltagsbewährung, etwa bei der Vermittlung im Fall einer Ehescheidung. In den Evangelien gibt es außerhalb der Wundertaten kein einziges Beispiel einer praktischen alltäglichen Hilfeleistung Jesu.

An seiner vielleicht bekanntesten Parabel, der Geschichte vom barmherzigen Samariter (Lk 10,30–37), zeigt sich die abstrakte Einseitigkeit der prophetischen Rede. Zwischen Jerusalem und Jericho liegt ein verletzter Mann, der von Räubern überfallen und zusammengeschlagen wurde. Das Gleichnis läßt der Reihe nach drei Personen an dem Verwundeten vorbeikommen, um zu zeigen, wer sich praktisch als dessen Nächster ausweist. Der Priester, der Levit gehen tatenlos vorüber, nur der Samariter bemerkt den Notfall und bringt Hilfe. Mit ihm identifiziert sich der Erzähler Jesus. So hätte er selbst gehandelt. Das Gleichnis, könnte man sagen, ist gut geeignet, um die Motivation zur Caritasarbeit zu stärken, die Situation ist so angelegt, daß die Notwendigkeit der Nächstenhilfe einprägsam vor Augen geführt werden kann. Aber will man denn gerade nur das wissen? Wäre es nicht erheblich aufschlußreicher, die Pointe würde in der Geschichte eine Viertelstunde früher gesetzt, exakt im Augenblick, da die Räuber über den Wanderer herfallen und auf ihn einprügeln? Dann müßte der beispielhafte Jesussamaritan in plötzlicher Entscheidung zeigen, wie er nicht nur karitativ hinterdrein hilft, sondern was er im Ernstfall der Gewalt kann. Warum vermeidet die Parabel die Gelegenheit, das drängendere Problem zu klären, das den menschlichen Gesellschaften zu allen Zeiten zu schaffen macht? Jesus spricht von der Feindesliebe, aber zeigt er auch, wie das geht, seelisch, praktisch, im sozialen Verhalten?

Hier werden Grenzen sichtbar, die mit keiner Methode der Jesusdeutung zu überspringen sind. Das gilt auch dort, wo positiv die Begabung und das Programm des Mannes aus Nazareth beschrieben werden. In allen Aufsätzen und Büchern über Jesus ist von seiner Praxis zu lesen, von der Einheit dieser Praxis mit seinem Wort und darüber hinaus von der Bindung seiner Person an die Sache, um die es im Wort und im Tun ging. Das Wort *Praxis* hat nun einen zauberischen Klang, erweckt leicht den Eindruck, es gehe um ein Handeln hautnah an der greifbaren Wirklichkeit, mit totalem körperlichen, seelischem und geistigem Einsatz, auf allen Sektoren des Lebens, das Vollprogramm Erfahrung, Planung und Durchsetzung. Darum ist entscheidend, was die Praxis konkret enthält. Dieselben Bücher zählen an Tätigkeiten Jesu auf: Das Wort der Botschaft, die prophetischen Zeichenhandlungen, die Wunder der Heilung und Dämonenaustreibung, die Sündenvergebung, die Sammlung einer Jüngergruppe. Das ist ein verhältnismäßig schmales Feld an Verwirklichungen, das in seiner Struktur gewiß nicht von großartiger Vollständigkeit ist.

Der theologischen Phantasie, die aus den unterschiedlichsten Beweggründen in Richtung Unendlichkeit drauflosredet, wenn es um Jesus geht, tritt dieser aus der Szene der Evangelien klein entgegen, der Zwerg Jesus gegenüber dem Giganten der systematischen Dichtung. In die Projektion der allumfassenden Übergestalt zeichnet sich eine irdische, vom Stigma der Endlichkeit bestimmte Physiognomie ein. Ich hüte mich davor, sofort von der Demut oder der Geduld Gottes zu reden, um damit zurechtzukommen, weil mir diese letzten Stimmungen, wenn es sie geben sollte, nicht zugänglich sind. Lieber buchstabiere ich den Jesusnamen an ihm selbst.

Jesus steht für die Möglichkeit, daß der Bogen aus dem Leben Gottes auf den Boden der Menschenerde gespannt wird. Er ist, wie immer die Sprache dafür lauten mag, der irdische Ort Gottes, nicht in der Natur, in heiligen Steinen, Tieren oder im ganzen Leib der sogenannten Mutter Erde, sondern in der einzelnen Seele, in einem umgehbaren Leib, im unverwechselbaren Gesicht, im Du. Gegenüber der runden Herrlichkeit der mythischen Bilder aus dem alten Griechenland, die bis heute unseren Blick beherrschen, steht sperrig und eckig Jesus, nicht nur, weil sein häufigstes Zeichen das Kreuz ist. Die Geniegestalt des Apollo vom Belvedere paßt sich fugenlos der Aura des Göttlichen ein. Zwischen Jesus und dem vollständigen Himmel ist noch Abstand, immer noch eine Hinzufügung, eine Ausfüllung denkbar. Das riesenhaft quellende Pantheon in den asiatischen Tempeln, das kolossale Geschlinge an Brüsten, Phallen und Leibern überflutet Jesus, der sich dürr ausnimmt in diesem Andrang göttlicher Urgewalt und Fruchtbarkeit. Bei vielen Jesuskritikern ist der Vorwurf zu finden, er sei als Gestalt zu gering für den Rahmen der Sendung, in die ihn das Neue Testament gestellt sieht, und in der Schonung, die man ihm mitten in den Attacken auf das Christentum gewährt, klingt nicht selten ein Ton der Nachsicht an, als wollte man es mit dem guten Wesen nun einmal nicht so genau nehmen. Wenn ein heutiger Fachmann für Erziehung den Bildungsweg des Messias entwerfen wollte, sähe das Programm wohl anders aus als im Neuen Testament, das seine Vorbereitung auf die Sendungsarbeit völlig außer acht läßt. Die scholastische Konstruktionschristologie und die moderne Jesuskritik Schmidts verbindet das Unbehagen, daß die Bedeutung dieses Menschen auf dem zufälligen, schmalen Bestand seiner Fähigkeiten aufruhen soll. Deshalb wird er entweder spekulativ ergänzt oder wegen mangelnder Kompetenz abgelehnt. In der Moderne stünde wohl der Geniebegriff zur Verfügung[28], aber er eignet sich so wenig für die Beschreibung Jesu wie die theologische Idee des Übermenschen. Das Genie „muß viel gesehen, viel gehört und viel in sich aufbewahrt haben", schreibt Hegel, „wie überhaupt die großen Individuen sich fast immer durch ein großes Gedächtnis auszuzeichnen pflegen. Denn was den Menschen interessiert, das behält er, und ein tiefer Geist breitet das Feld seiner Interessen über unzählige Gegenstände aus."[29] Auf diesem Feld der genialen Ausstattung, in der Höhe der Menschheitsindividuen, gibt es gewiß Gestalten, die Jesus überlegen sind, weil sie, soviel wir jetzt im Vergleich überhaupt zu sehen vermögen, die reicher organisierte Persönlichkeit besitzen, das umfassender definierte Lebensprogramm aufweisen und eine Vielfalt von bleibenden Leistungen in die Welt gebracht haben. Lucius Annaeus Seneca, der im gleichen Jahr geborene römische Zeitgenosse Jesu[30],

---

[28] Vgl. Genie, in HWPh 3, 279–309.
[29] G. F. W. Hegel, ThWA 13, 364.
[30] Vgl. V. Soerensen, Seneca. Ein Humanist an Neros Hof, München 1984.

studiert in Rom Philosophie, beginnt nach einem längeren Aufenthalt in Ägypten seine große Karriere als Redner und Anwalt, erhält Staatsämter, wird Senator, nach sieben Jahren Exil auf Korsika zum Erzieher des kaiserlichen Prinzen Nero ernannt. Seine philosophischen Schriften haben ihn berühmt gemacht. In den ersten fünf Jahren der Regierung Neros leitet er die Politik des Imperiums, seine Tragödien entstehen, er ist ein mächtiger Mann mit reichem Landbesitz, von großem geistigen Ansehen und Einfluß, wird Konsul, zieht sich auf seine Landgüter zurück, um ganz für seine literarischen Werke zu leben, wird schließlich im Alter von siebzig Jahren durch Nero zum Selbstmord gezwungen. In welcher Proportion steht Jesu Lebensarbeit zu der Senecas? Woher kommt es, daß der römische Philosoph und Staatsmann eine eindrucksvolle Summe an Werken seiner schöpferischen Kraft, einen glanzvollen Namen hinterlassen hat, der Jude aus Galiläa aber, der nichts geschrieben, nichts regiert und sehr viel kürzer gelebt hat, an weltgeschichtlicher Weiten- und Tiefenwirkung seinen Altersgenossen unendlich übertrifft? Nähme man die Argumente für die Göttlichkeit Jesu allein aus den Qualitäten seiner Menschlichkeit, wären da manche, die mindestens so gut oder eher in Betracht kämen wie er. Es muß dafür noch eine andere Wurzel geben, die nicht in der Zeit wächst. In diesem Jesus scheint alles bereit zu sein für Gott, den Einfall seines Willens und seiner Wahrheit, sodaß er zugleich ganz in diesen unverfügbaren Brennpunkt versammelt ist und alles, was er weiß und kann, aus dem Zentrum *Gott* ordnet, auf die einfache Hauptsache bringt, den unvergeßlichen Appell dafür findet. Der Mensch Jesus ist das Signal Gottes und dieses mußte, sagt Kierkegaard, in der Durchschnittlichkeit aufgepflanzt werden: „Deshalb ist Christus in Wahrheit das Vorbild, aber deshalb ist er auch das ewig Anstrengende am Menschsein, weil er nur ausdrückt: daß er ein Mensch war wie andere. Er macht das Göttliche vereinbar mit dem ganz gewöhnlichen Menschsein, er läßt für niemanden einen Ablaß zu, er stellt sich selbst nicht außerhalb als Gegenstand für ein träges und unfruchtbares Begaffen und Bewundern, sondern nach hinten, um die Menschen hinauszuzwingen."[31] Das Entscheidende ist also, daß mit Jesus nicht eine vollkommene Übermenschengestalt auftritt. Ihr gegenüber könnten die Menschen in die ästhetische Distanz der Bewunderung gehen, die andringende Gegenwart Gottes ganz ihr überlassen, im Privileg des einmaligen Genies gefangensetzen. Jesus trägt in seiner menschlichen Schlichtheit das Feuer der göttlichen Anwesenheit mitten hinein, an alle heran. Er ist in Person das Zeugnis für die ganz andere Art der Liebe Gottes. Sie übersteigt die irdischen und kosmischen Seinsgestalten in allen Größenverhältnissen. Es genügt ihr die Anknüpfung irgendwo im Gewimmel der werdenden Wesen, aber dort, wo sie brennt, wie in Jesus, entsteht an der bescheidenen menschlichen Form, in der Flüchtigkeit eines kurzen Lebens die unvergeßliche, ganz ungewöhnliche, über alle Mittelmäßigkeit hinausspringende Gestalt.

Die Theologie hat besonders in ihrer spekulativen Variante alles darangesetzt, Jesus zu Ende zu definieren, rundum komplett, leiblich, seelisch, geistig fertigzumachen, zum Gestell der metaphysischen Endgültigkeit auszubauen. Er wird in die Vergangenheit eingemauert. Es müßte ihr nicht schwerfallen, Nietzsche zuzustimmen, der gemeint hat, das Ziel der Menschheit könne nicht an ihrem Ende liegen, sondern „nur in ihren höchsten Exemplaren"[32]. Die Endgültigkeit, die mit Jesus in das Verhältnis zwischen Gott und der zeitlichen Welt eingebrochen ist, scheint aber nach den Worten des Paulus nicht darin zu bestehen, daß der Träger des absoluten Wissens erschienen ist, um die Wahrheitssuche zu überholen. „Noch blicken wir ja nur durch einen Spiegel, in

---

[31] S. Kierkegaard, Die Tagebücher 3, 23.
[32] F. Nietzsche, Werke in drei Bänden hg. v. K. Schlechta, München 1966, Bd. 1, 270.

Rätselgestalt"(1 Kor 13,12). Er lebt unbedingt aus der liebenden Gegenwart Gottes, und so wird er in der Auferstehung beglaubigt. Nicht der allwissende Löser des Rätsels geht zufällig eine Weile in Palästina herum, sondern der Mensch hat gelebt, an dem erlebt werden konnte, daß der Rätselweg des Lebens vertrauensvoll gegangen werden kann. Das wird am Gestus seines gesamten Lebens sichtbar. Darum steht Jesus nicht gegen die Entzifferungsarbeit am Dasein, die noch immer zu tun ist, sondern für sie als ihr Leitbild und ihr Kriterium. Niemand ist ungeeigneter für eine fundamentalistische Auslegung als der Mann aus Nazareth. Dem, der mit genauer Ängstlichkeit seine Inhalte eingrenzend umschreibt, um sie kopieren zu können, schrumpft er unter dem Bleistift zusammen. Seinen Reichtum teilt er all denen mit, die in der Teilnahme an seinem Glauben den Buchstaben seines bruchstückhaften Lebens übersetzen in die eigene Existenz, in andere Inhalte, Handlungen und Ergebnisse. Zum Ärger der Prediger der Vornehmheit geht von Jesus eine Namen gebende Aufmerksamkeit aus, die niemanden unterschlägt. Ich meine, daß es viel leichter ist und von den natürlichen Instinkten her näherliegt, die alte Unterscheidung zwischen den wenigen Auserlesenen und dem ungezählten Schutt der Evolution zu loben. Der Blickrichtung Jesu folgen ist anstrengend, heißt die Augen in das Unsichtbare drehen, wo die Wächterengel vor dem Mysterium die Namen der Geschöpfe aufsagen, auch die kleinen.[33] Sein Trost besteht nicht darin, daß er die Aula des unendlichen Wissens und die Totalität der Erfahrung um die Menschen baut, sondern in seinem Vertrauen zum Vater das Fahrzeug der Liebe richtet, auf dem alle Platz finden. Der winzige Jesus ist der getreue Zeuge.

Sie haben, hoffe ich, längst gemerkt, daß ich Hegels Mahnung nicht überlesen habe: „Es gibt keinen Helden für den Kammerdiener; nicht aber weil jener nicht ein

---
[33] Vgl. Mt 18,1–10.

Held, sondern weil dieser – der Kammerdiener ist..."[34] Ich habe Sie nicht nicht auf den Posten der demokratischen Neidgefühle heraufgelockt oder an ein Schlüsselloch, um endlich auch auf diesen Christus hoch hinab- oder schief hinausschauen zu können, die Genugtuung zu haben, daß er ebenfalls nicht weit her ist. Wir haben nicht hinabgeblickt, sondern auf ihn hin. Er verdient unser redliches Andenken, das er, wie in den Evangelien steht, selbst herausgefordert hat mit der Frage: „Was halten die Leute vom Menschensohn?" (Mt 16,13)

---

[34] G. F. W. Hegel, ThWA 3, 489.

Der nackte Jesus

Zu den stärksten, nicht nur visuellen Eindrücken in meiner Studienzeit und bis heute immer wieder gehört der Platz vor Sankt Peter in Rom. Wer vom Tiber her durch die Via della Conciliazione hineingeht, spürt mit jedem Schritt, wie die Piazza um ihn herum wächst. Bernini hat den Raum so inszeniert, daß er auf die Menschen, die sich in ihm aufhalten, eine umgreifende Kraft ausübt. Von einer unsichtbaren, aber auf jedem Meter präsenten Achse her ordnet sich der Aufbau, dessen gewaltige Ausmaße in seiner Eleganz verborgen sind. Das Erlebnis des Umfangenseins kann sich sehr verschieden gestalten und vielfältig gedeutet werden. Aber irgendwann, mitten in touristischen, papstfeierlichen oder religiösen Begehungen, muß einmal auch der Gedanke auftauchen, was dieser Platz mit Jesus zu tun hat, wie der Nazarener auf ihm vorkommt. Es wird einem einfallen, auch wenn es nicht im Reiseführer steht, daß es diese Bühne der Christenheit gibt, weil damals, zur Zeit der römischen Caesaren, Jesus aufgetaucht ist, in einem abseitigen Winkel des Imperiums. Die so geweckte Neugier beginnt nach den Jesussignalen auf der Piazza zu suchen und entdeckt zuerst, daß sie sehr genau hinsehen muß, um ihn zu finden, dem der grandiose Raum gilt. In dessen Mitte steht der Obelisk, den Nero aus Ägypten für seinen Circus requiriert hat. An seiner Spitze ist das Kreuz angebracht, und Reliquien vom Golgothakreuz sollen darin aufbewahrt sein. Am Sockel ist eine lateinische Inschrift zu lesen: *Christus vincit, Christus regnat, Christus imperat,* Christus ist Sieger, er regiert und herrscht. Vom Obelisken in Richtung Peterskirche blickend sieht man auf der Balustrade über der Fassade die Statue des Erlösers neben den Figuren Johannes des Täufers und der Apostel. Dahinter auf der Kuppel des Domes steht noch einmal das Kreuz. Eine Inschrift, eine Statue und zweimal das Kreuz, das ist für sich genommen gewiß eine ausreichende Zahl von Symbolen. Im Ensemble des Platzes aber verschwinden sie, die Schönheit der Komposition überwältigt die Hinweise. Diese Architektur, in der sich die Kirche nicht nur versammelt, sondern auch verkörpert, legt sich wie ein mächtiges Kleid um Jesus, überdeckt ihn mit ihren Formen und den Auftritten, die sie ermöglicht. Alles ruht auf ihm, dem Fundament, er ist jedoch aufgesogen in der mächtigen Form, sodaß es Mühe macht, ihn zu bemerken. Wer auf die Kuppel steigt und von oben die Anordnung der Bauten betrachtet oder Luftaufnahmen vor sich hat, kann vielleicht plötzlich in einer Art symbolischen Tiefenblicks sehen, daß das Bild der großen Mutter daliegt, die liebe Frau, Maria, Kirche, Schoß und Leib nachgebildet ist, übergroß, und Jesus irgendwo darin untergebracht. Kleid und Mutterschoß um Jesus herum gewachsen im Lauf der Zeit, die von ihm her berechnet wird, so dicht und massiv, daß er dahinter unwirklich zu werden droht und die Sehnsucht nach seiner nackten Haut zu rumoren beginnt.

Die Geschichte Jesu in den christlichen Gemeinden ist bis heute ein Wechsel der Bekleidung und der Entkleidung. In allen Generationen bricht die Suche nach dem nackten Jesus aus. *Nackt dem nackten Christus nachfolgen*[35] wird geradezu ein Programm- und Losungswort der Bewegungen, die hindurchstoßen wollen durch die Hülle der Verfremdungen auf den wahren Jesus, um in ihm auch den entblößten zu finden, jenseits der Kriterien des Erfolges, der Macht und des Geldes. Immer wieder der anachronistische Sprung durch den Systemapparat auf ihn zurück, um ihn in bloßer Haut zu sehen, ohne Zutat der Kleider, die ihn machen. Das wird bald zu einem Kriterium der Heiligkeit, denn das maßgebende Christentum gewinnt seine überzeugende Kraft aus dieser Quelle. Zugleich wird das Hindrängen zum nackten Jesus als

---

[35] R. Grégoire, Nudité, in: DSp XI, Paris 1982, 509–513.

Drohung empfunden. In diesem Willen verbirgt sich doch immer auch Mißtrauen gegen die kirchliche Annahme Jesu, und ein redlicher Blick auf den Anfänger des Christentums lockert die Formen der geistlichen Organisation, die im Lauf der Zeit fest und selbstverständlich geworden sind. Bernhard von Clairvaux nennt in seiner Schrift *Über die Besinnung an Papst Eugen* in drastischer Genauigkeit den Punkt, von dem aus der elementare Vergleich geschehen soll:

„Du mußt deine Aufmerksamkeit aber neben der Frage, was du durch deine Geburt bist, auch der Frage zuwenden, in welchem Zustand du geboren wurdest, wenn du nicht um die Fruchtbarkeit und den Nutzen deiner Besinnung betrogen werden willst. Nimm deshalb jetzt den ererbten und von Anfang an verfluchten Lendenschurz weg! Zerreiße den Vorhang aus Blättern, welche die Schande verhüllen, die Wunde aber nicht heilen! Wische die Schminke dieser flüchtigen Ehre und den Schimmer eines schlecht gefärbten Ruhmes weg und besinne dich nackten Geistes auf deine Nacktheit, denn nackt kamst du aus dem Schoß deiner Mutter hervor. Oder kamst du schon mit der Mitra zur Welt?"[36] Erst der total entkleidete Papst wird fähig sein, auf Jesus zu blicken und von diesem gesehen zu werden. Der Griff an die Haut dringt durch alles hindurch, was dazwischen aufgebaut ist, auch durch den Amtsornat, und erzwingt die Evidenz dessen, was darunter wirklich da ist vom Menschen.

Von der leiblichen Nacktheit Jesu ist in den Evangelien nie direkt die Rede, sie wird angedeutet bei der Taufszene am Jordan und vor allem in der Erzählung seiner Kreuzigung. Die Henker teilen sein Gewand unter sich auf. Die darstellende Kunst hat sich früh diesem Sujet mit besonderer Intensität zugewendet, bot es doch in-

---

[36] B. v. Clairvaux, Über die Besinnung an Papst Eugen (2, IX, 17), in: Sämtliche Werke I, hg. v. G. B. Winkler, Innsbruck 1990, 691.

mitten der christlichen Leibesdisziplin und der rigorosen Kleiderordnung die Möglichkeit, die Nacktheit am heiligsten Leib der Menschheit darzustellen, am Kind, am Täufling im Jordan, am gekreuzigten Jesus, am Auferstandenen und Weltenrichter. So ist er gewiß der Mann geworden, der am öftesten nackt abgebildet ist. Nicht die leibliche Blöße in der Tradition der Bilder war aber und ist das wirklich Bewegende oder Anstoßende, sondern das, worauf sie hinweist, der Gestus des Lebens Jesu. Dieser ist in der Tat in ganz eigenartiger Weise nackt. Darauf will ich wenigstens in einigen Zügen hinweisen.

Ich stoße zuerst auf die *Schutzlosigkeit* Jesu. Bei Lukas ist zu lesen, wie seine für menschliche Verhältnisse unglaubliche Zeugung in der Jungfrau mit der Bemerkung des Engels vorbereitet wird, *bei Gott sei kein Ding unmöglich* (Lk 1,37). Der Hinweis auf die Allmacht hüllt diesen Menschen vor seiner Entstehung in der Welt ausdrücklich in den Zusammenhang der unbedingten Kraft des Handelns, das durch keinen irdischen Faktor begrenzt ist. Jesus selbst spricht nach Matthäus von der unbeschränkten Macht des Glaubens als der Transmission, auf der die Allmacht in die menschliche Handlung eintritt: *Nichts wird euch unmöglich sein* (Mt 17,20). So ist die Erwartung gerechtfertigt, daß die göttliche Macht rechtzeitig eingreifen wird, auch zu seinen Gunsten, wenn es nötig sein sollte. Der Aufwand an Wundern zur Zeugung sollte die Fortsetzung haben im Wunder der Führung und Bewahrung. Aber wie läuft das Leben wirklich? Ganz kurz und grob gesagt: Jesus spürt, als es ernst wird, von den realen und prompten Eingriffen der Allmacht nicht mehr als alle anderen armen Teufel auch, über die das Todesschicksal so oder anders herfällt. Es heißt zwar, wieder bei Lukas, über den gefährlichen Besuch in Nazareth: *Er aber schritt mitten zwischen ihnen hindurch und ging fort.* (Lk 4,30) Jesus bewegt sich in großer Souveränität, gewiß, aber dabei bleibt es auch. Sie hilft ihm nicht, als sich die Klammer der Gewalt um ihn schließt. Was wäre nicht alles denkbar gewesen für seine Sendungsarbeit, wäre die bergeversetzende Macht so buchstäblich für ihn eingetreten, wie das Wort lautet! Warum nicht einmal auf einen Gedankensprung ins Märchen auswandern, wo die Allmachtsträume eine gewisse Narrenfreiheit haben? Nicht um den pompösen Zauber auszuführen, den ihm der Versucher vorschlug, hätte Jesus nach dem Arm Gottes greifen sollen. Aber eine besondere Intervention wäre hilfreich gewesen, wenn sie das Licht im menschlichen Bewußtsein etwas heller gemacht hätte. Sein Wort hätte ungehinderter in die Seelen gelangen können, und ihm wäre es leichter gefallen, deutlich zu sein. Er hätte weniger von Schwert und Spaltung reden müssen, und die Kosten der Durchsetzung des christlichen Glaubens wären geringer geworden. Pythagoras zeigte seinen goldenen Schenkel her, um die Ungläubigen zu überzeugen[37], Jesus stand weniger spektakulär, aber weitreichender das prophetische Versprechen des Jeremia zu Gebote: „Spruch des Herrn: Ich lege mein Gesetz in sie hinein und schreibe es auf ihr Herz... keiner wird mehr den anderen belehren ... " (Jer 31,33–34) Ein wenig davon hätte in leiser Berührung die Allmacht tun können zu seinen Gunsten, nicht gleich die Menschengeschichte beenden, aber ihr eine Richtung geben, daß sie sich sammelt aus den torkelnden rauschhaften Bewegungen, in denen sie sich dahinwälzt. Nichts davon und auch von all den anderen Denkbarkeiten ist nichts geschehen. Die Phantasie stößt an die Tatsache, daß Jesus auf dem Weg des Lebensschicksals blieb. Die grotesken Rettungswunder, die in späterer Christenzeit von den Heiligen erzählt wurden, kamen ihm nicht zu Hilfe.[38] Wohl ist die Rede von den zwölf Legionen, die Gott zu seiner Rettung ausschicken könnte (Mt 26,53). Bei Johannes (18,6) wird erwähnt, das Kommando, das Jesus gefangensetzen sollte, sei auf sein

---

[37] Diogenes Laertius VIII, 11.
[38] Vgl. H. Günter, Legendenstudien, Köln 1906.

erstes *Ich bin es!* zu Boden gefallen. Mehr tut sich nicht, und der Prozeß auf seinen Tod hin entwickelt sich ungehindert. Ein merkwürdiger Riß geht mitten hindurch, auch wenn man bedenkt, daß die Wunderdichtung des Glaubens an den Geschichten gearbeitet hat. So viel Aufwand an Willen und Absicht von ganz oben für sein Kommen, sein Handeln, die große Bestimmtheit zuerst, und dann dieses Lassen, die rätselhafte Spanne zwischen dem lauten Verweis auf die liebende Macht Gottes und deren Untätigkeit, sodaß ihm nichts bleibt, als nach ihr zu schreien. Hat Jesus sein eigenes Wort vom Berge versetzenden Glauben wahr gemacht oder ist er daran zerbrochen? Sein Angstgebet und sein Todesschrei haben die Gewalt, durch die er zugrunde gehen sollte, nicht fortgeschafft. Wenn ihm zuzutrauen ist, daß er, als er so sprach, die Realität der Welt nicht wegdachte, sondern einschloß, hat er vielleicht in diesem verrückt klingenden Satz ausgesprochen, was der Glaube kann, wie er ihn verstehen wollte: *Er schlingt das Seil um die ganze Welt, wohin immer sie reichen mag, um die Summe ihrer Schicksale, um die kausalen Notwendigkeiten, die sie enthält, um Stern und Erde und Leben und Tod, und wirft es Gott zu, der es gewiß fängt und den Werfer hält – so wird sie leicht mitsamt dem Schrecken, den sie einjagt.*

Die *vorbehaltlose Öffentlichkeit* Jesu unterscheidet ihn vom esoterischen Klerikalismus aller Art. Julius Caesar beschreibt in seinem Bericht über den Gallischen Krieg die keltische Geistlichkeit seiner Zeit: „Die Druiden nehmen gewöhnlich nicht am Krieg teil, zahlen auch nicht Steuern wie alle anderen, sind frei vom Kriegsdienst und allen Lasten. Von solchen Vorteilen verlockt, aber auch aus innerem Antrieb besuchen viele ihre Schulen oder werden von Eltern und Verwandten hingeschickt. Dort lernen sie, wie es heißt, eine große Menge von Versen auswendig. Daher bleiben manche zwanzig Jahre in ihrer Schule. Es ist nämlich streng verboten, ihre Lehre aufzuschreiben, während sie in fast allen übrigen Dingen, im öffentlichen und privaten Verkehr, die griechische

Schrift verwenden."[39] Das geschehe, fügt Caesar hinzu, weil die Druiden nicht wollen, daß ihr Wissen unter der Menge des Volkes verbreitet wird. Jesus redet sein Wort in die Öffentlichkeit, auch das, was er im engeren Kreis der Jünger mitteilt, ist auf alle gerichtet, nicht als Wissensprivileg gemeint, das dem Vorteil der Eingeweihten dient. Das Wort, das zum wahren Leben führt, ist für alle verständlich und soll allen kostenlos zugänglich sein. Der Vergleich mit den esoterischen Zirkeln der antiken Mysterien zeigt, daß die christliche Gemeinde den religiösen Clubs überlegen war auf Grund ihrer grenzüberschreitenden Öffentlichkeit. Diese Option muß noch aus dem Impuls Jesu ihre Kraft bezogen haben.[40] Die Ermüdung an den Debatten um das rechte Priester- und Kirchenbild hat längst so weit um sich gegriffen, daß ich es gern vermeide, mich einzumischen. Ich nenne nur einige Impressionen, die mich bei der Lektüre der Evangelien anspringen und in mir rumoren, seit ich dem geweihten Stand angehöre. Es meldet sich immer wieder die Verblüffung über die Tatsache, daß diese Jesusbewegung in ihrer flüchtigen, losen Form einen so fest und endgültig definierten Klerus ausgelöst hat und heute noch tragen soll als das ewige Fundament seiner Geltung. Hätte schon damals ein skeptischer Kenner der Religionen Jesus warnen können? Du träumender Idealist, es wird dir mit deiner Priesterschaft nicht besser gehen als den Ägyptern und Kelten. Das muß so kommen bei der konstitutiven Schwerfälligkeit des Menschen, der die schönste Rolle nicht spielen kann ohne den druidischen Genuß der Vorteile, die er für sich abzweigt. Die Entwicklung des Klerus ist in allen Religionen vergleichbarer Art mit dem Einfall naturhafter Faktoren in den ursprünglichen Impuls der Stifterperson verbunden. Dem entgehst du nicht, du wirst sehen. Das Fahr-

---

[39] J. Caesar, De bello gallico VI, 14.
[40] Vgl. W. Burkert, Antike Mysterien. Funktionen und Gehalt, München 1990, 53–55.

zeug macht sich selbständig. Der Skeptiker könnte, sein Auge in die Zukunft gewendet, die Varianten des Klerikalismus aufzählen, um Jesus zu entmutigen, denn bis heute dauert das Interesse an, in dem die Position neben Jesus wichtiger wird als er selbst[41]: Die Mysterienpolitik, die seltsame Anfälligkeit für die Selbstfeier, die demütige Resistenz gegen alle Widerrede, die Gleichsetzung der Widrigkeiten, die sich aus der Amtsführung ergeben, mit dem Leiden Jesu, die exklusive Verwaltung des Willens Gottes, das männliche Kompetenzprivileg. Er könnte Paul VI. zitieren: „Wenn der Priester den Ehestand auch nicht aus unmittelbarer und persönlicher Erfahrung kennenlernt, kann er dennoch auf Grund seiner Bildung, seines priesterlichen Amtes und der von Gott seinem Stand verheißenen Gnade einen sogar noch tieferen Einblick in die menschliche Natur haben. So vermag er nicht nur alle diese Probleme genau zu durchschauen und ihren Ursprung zu erkennen; er kann auch den Eheleuten und christlichen Familien mit seinem Rat tatkräftig beistehen."[42] Der Geistliche dieses Stils weiß ohne Erfahrung alles besser als die, die sie machen. Vor der erkenntnismäßigen Unanfechtbarkeit wird der Dialog über die Wahrheit ganz überflüssig. Einsichten aus dem nichtklerikalen Raum der Glaubensgemeinschaft kommen in diesem Horizont nicht mehr vor. Albert von Köln, der große Theologe des 13. Jahrhunderts, einige Jahre auch Bischof von Regensburg, kommt in seinem Kommentar zu Matthäus an die Stelle, wo Jesus die Jünger fragt: „Für wen haltet ihr mich?"(Mt 16,15) Und er schreibt dazu: „Das ist der Grund, warum der Vorsteher fragen muß, welche Meinung es über ihn gibt sowohl im

---

[41] Vgl. Mt 20,20–21.
[42] Enzyklika über den priesterlichen Zölibat Nr. 57 (Nachkonziliare Dokumentation 8), Trier 1968, 75–76; vgl. die sanfte Reservierung der *eigentlichen* Theologie für die Priester bei Y. Congar, Der Laie. Entwurf einer Theologie des Laientums, Stuttgart 1957, 507–508.

Volk wie bei den anderen Vorstehern."⁴³ Der Scholastiker ist also der Auffassung, der Bischof müsse sich an Jesus orientieren und seine eigene Person dem Urteil der Öffentlichkeit aussetzen. Denn in deren Spruch ist Wahrheit zu vermuten. Viele Auftritte heute, da sie beliebter und leichter möglich sind als in den Zeiten der Ochsenfuhrwerke, spiegeln in ihrer Gehörlosigkeit nicht Jesus, sondern die ängstliche Arroganz derer, die ihn amtlich zu besitzen meinen.

Jesus *geht allein*, kommt als Laie von außen quer herein, aus hierarchischer Perspektive gesehen ein Beweger von unten, Initiator einer Basisgemeinde, ohne den Schutz der legitimierenden Instanzen. Wir sehen nicht der Epiphanie des absoluten Originals zu, das im Triumph seiner Unvergleichbarkeit daherkommt. Die historischen Wissenschaften fahren genug Material heran, mit dessen Hilfe er verwoben werden kann in die Traditionen des Judentums, in die Nachbarschaft zu den Qumranleuten, den Zeloten, den Pharisäern und darüber hinaus in die weiteren Überlieferungen, die schließlich überallhin reichen in der damaligen Welt. In dieser Verwebung hatte Jesus seine eigene Vision, die er entschieden und im Alleingang vertreten hat. Das Naheliegende wäre gewesen, daß ihn seine Familie getragen hätte, daß er aus ihrem Motivationspotential hätte schöpfen können, daß sie ihm der verläßliche Ausgangspunkt gewesen wäre, zu dem er jederzeit und vor allem in Zeiten der Krise zurückkommen konnte. Aber hier ist wohl der Glaube Abrahams, jedoch kein neuer Vater Abraham mit vielen Kindern, Frauen, Verwandten in den Zelten, nicht die Atmosphäre männlicher Lebenskraft und familiärer Lebenshut in reich verzweigter Ader, nicht das warme Nest, mit dem Patron der Blutsverwandtschaft in der Mitte, keine Onkel und Tanten und Cousinen um Jesus, sondern fremde Leute. Besonders deutlich, weil tief in

---

⁴³ Albertus Magnus, Super Matthaeum XVI, 15, in: Opera omnia XXI/2, 456.

das menschliche Urgefühl reichend, ist die Distanz zur Mutter. Immer, wenn Maria auftritt, wird die Luft kühl, es gibt keine Umarmungen, keinen fraulichen Schutzmantel um ihn herum. Auch die Kindheitsgeschichten brechen die Normalität der väterlich-mütterlichen Zeugungsgemeinschaft: Der Geist Gottes fährt dazwischen. Die Krippenszene bei Lukas ist die öffentliche, vor der ganzen Welt geschehende Präsentation, nicht die Familienheimlichkeit des Wiegenfestes. Der Zwölfjährige setzt sich ab vom elterlichen Willen und Zusammenhang. Jesus bringt aus der verborgenen Phase vor seiner prophetischen Wanderschaft nichts hinüber in diese, er läßt sie unbeschrieben ruhen, und wir können sie nicht ausgraben und eine Offenbarung daraus machen. Nie dreht er sich um und kramt in seiner eigenen Tradition, riecht nie ausgiebig an der Wurzel. Selten ist eine Biographie so zerrissen in das Helle und Dunkle, in zwei Teile förmlich, sodaß man den einen dunklen nur eben aus dem hellen her postulieren, nicht beschreiben kann. Sein Auftreten hat nichts mehr davon. Jesus wird nicht sichtbar im Schoß der Familie auf seinen Auftritt vorbereitet und ausgerüstet, diese ist offenbar von seinem Exodus überrascht. Er beruft sich nie auf die Weisheit, Erfahrung, auf Worte und Beispielshandlungen der Eltern oder Verwandten in Ausdrücken wie: *mein Vater hat immer gesagt, meine Mutter hat mir das gezeigt*. Die Leitfunktion der Familie, wie sie das Buch *Jesus Sirach* massiv predigt, wird an ihm nicht exemplifiziert. Er läßt sie zurück und sie läßt ihn allein gehen. Plötzlich kommen sich die eigenen Angehörigen wie Außenstehende vor. Man könnte erwarten, der drängende Gedanke der Fleischwerdung des Logos würde mit Genauigkeit am familiären Sitz im irdischen Leben durchbuchstabiert. Aber die Familie ist für Jesus alles in allem die Kontrastfolie, von der er sich abhebt. Sie versteht ihn nicht, mißversteht ihn eher, bleibt die vorgegebene Selbstverständlichkeit, mit der er sich nicht länger befaßt, er läßt sie auf sich beruhen. Es ist nicht übertrieben, von einem *folgenschweren Bruch mit dem genealogischen Denken*[44] zu sprechen. Die christliche Tradition hat diese Familienfremdheit Jesu in gegensätzlichen Formen in den Glauben zu integrieren versucht. Das radikale Experiment mit dem *Alleinsein* im Mönchtum[45] wiederholt den Exodus aus der naturhaften, bürgerlichen Lebensform. Es entwickelt sich in der grundsätzlichen Wertung der Kirche zur idealen und normativen Gestalt des Christentums. Andererseits drängt das Gefühl die Frömmigkeit und diese wieder die Theologie, Jesus in die Familie heimzuführen und vor allem, ihn mit seiner Mutter zu versöhnen. Die moralische Weisung in Richtung Familie konnte auf sein Beispiel nicht verzichten, daher gibt es intensive Rekonstruktionen der Heiligen Familie in Nazareth, des strahlendsten Beispiels der Harmonie, mit dem fügsamen Jesus in der Mitte.[46] Das Schweigen der Quellen war ein günstiger Ausgangspunkt für die Herstellung dieses Idylls. Mehr als die wahrlich verwegenen Künste der alten Exegese waren es die Bilder, die Predigten und die unmittelbar zum Herzen sprechenden Texte der Erbauung, die Jesus wieder in die Arme Marias zurückführten und nun erstmals die Umarmung zeigten, den Sohn im Mantel der mütterlichen Liebe zur Ikone des seligen Einvernehmens werden ließen. Es ist freilich nicht der erwachsene Jesus, der Prophet auf den Wegen zwischen Judäa und Galiläa, sondern vorwiegend das Jesusbaby und die Jesusleiche, die im Mutterschoß erscheinen. Die weitaus meisten Bilder zeigen ihn so, wenn sie ihn mit seiner Mutter vorführen.[47] Die unmündige Ohnmachtsgestalt, nicht der Mann der großen Absichten kommt heim. Jesus ist zum Muttersohn gewor-

---

[44] Th. H. Macho, So viele Menschen. Jenseits des genealogischen Prinzips, in: P. Sloterdijk (Hg.), Vor der Jahrtausendwende. Bericht zur Lage der Zukunft 1, Frankfurt a. M. 1990, 47.
[45] Vgl. P. Brown, Die Keuschheit der Engel, München 1991.
[46] Katechismus der Katholischen Kirche Nr. 531–534.
[47] In den sogenannten *Urlaubergruppen* (Beispiel: Schönberg am Kamp im Waldviertel) nimmt Jesus Abschied von der Mutter.

den. Der Marienkult enthält neben vielem anderen auch die Geschichte der *symbolischen Infantilisierung Jesu*, deren Auswirkung in der Mentalität der Kirchenleute noch wenig erforscht, daher kaum bewußt und deshalb noch immer im Gang ist.

Die geläufige Rede von Jesus dem Hohenpriester, aus dem Hebräerbrief (4,14–5,10) überall hingedrungen, überspringt den Start Jesu. Er war, in heutiger Sprache ausgedrückt, ein Laie, er gehörte nicht zum beruflichen Priestertum, hat nicht in den Pflichten dieses Standes gewirkt, also auch nicht die Beauftragung daraus beziehen können. Seine Distanz zu anderen mit institutioneller, charismatischer oder politischer Autorität ausgestatteten Gruppen machte ihn zum prophetischen Alleingänger, der auf das angewiesen war, was in ihm selbst war, was aus ihm heraustrat. Ich denke einen Augenblick phantasierend an die Möglichkeit, daß Jesus seinen Auftritt im heutigen System der katholischen Kirche wiederholen wollte. Als Laie hätte er die Chance, gehört zu werden, wenn er bereit wäre, sich den Kriterien eines vorgeschriebenen Bildungsganges und dem entsprechenden Sendungsritual zu unterwerfen. Weigert er sich, dieses Geleis zu betreten, um ganz aus eigenem Anspruch zu reden, wird sein Wort vom authentischen Lehramt geprüft. Es käme unvermeidlich zum Konflikt, wenn es ihm einfallen sollte, die heilige Zuständigkeit des Konzils, des Papstes bezweifeln oder überholen zu wollen. Er könnte sich einordnen, und seine Stimme würde im Chor der Rechtgläubigkeit verschwinden. Die sakrale Organisation des Judentums in der Zeit Jesu war gewiß lockerer, weniger straff gefaßt als die katholische der Gegenwart, aber was später den Großkirchen immer wieder Probleme bereitet hat, die Entstehung neuer geistlicher Kompetenz inmitten eingesessener Autorität, das war schon der Weg, auf dem Jesus angetreten ist. Gotteszeugnis stieß auf Gotteszeugnis. Das Christentum fing an mit dem Mut dieses Einzelnen, in der Urzelle seines Gewissens, das sich nicht begnügen durfte mit dem, was an Gott erkannt und getan war. Auf der Bloßheit seiner ersten Regung ruht das Ganze. Steht der Betrachter mit dem Rücken dazu und schaut auf das Ergebnis hin, das da ist im Haus der Kirche und sein wird im himmlischen Jerusalem, dann füllt sich das Gemüt mit Einverständnis. Dreht er sich um und blickt auf den nackten Anfang, erfaßt ihn leicht ein Schwindel. Das Unverhältnis läßt ihn nicht mehr los, in dem das Gerüst zum Grund steht, auf dem es ruht. Die massive Vorhandenheit, das Quaderhafte überwuchert den leichten Ursprung, es liegt breithin in seiner Selbstverständlichkeit und müßte doch jeden Augenblick tanzen. Wie tief ist in diesem Gewicht die Freiheit versteckt, daß es überhaupt dazu kam, wie fern die Vermutung gerückt, daß der Nichtfunktionär eine Quelle des Geistes sein kann, der zufällig einzeln Auftauchende ein Wort haben wird. Jesus scheint ein Finger zu sein, der aus dem Religionsapparat hervorragt, um auf das größere Wunder zu zeigen. Es gibt ein theologisches Gedankenamulett, das häufig zur Abwehr ungehöriger Einfälle angewendet wird. Vielleicht wird es mir am Ende meiner Rede ans Hirn gehalten. Der Spruch lautet: *Schwärmerei ist untersagt, und es schwärmt, wer aus der Gegenwart des Kirchenchristentums direkt in den Anfang zurückschaut.* Ich weiß sehr wohl, daß ich keine Sekunde aus der Zeit entfernen kann, die dazwischen liegt, daß alles Gewordene meinem Zugriff entzogen ist, daß es gut ist, vom Jesusgespür des lang verstorbenen Friedrich Spee von Langenfeld zu lernen. Aber alle beachtenswerten Stimmen der Tradition laden mich ein, mich unmittelbar und hautnah an Jesus zu halten, keine andere Maxime zu errichten. Woher sollte auch die Gewißheit kommen, daß man mit der ganzen bisher angelaufenen bunten Summe des Christentums auf seinem Weg ist? Wo findet das Wahrheitsgewissen, das mit ihm zu tun haben will, seinen Grund, wenn nicht im geraden Blick auf seine Person? Wo entsteht der Mut, dabeizubleiben, wo die Kraft für die Arbeit an den Verblüffungen, an den Enttäuschungen, am grauen Mißmut der eigenen Seele? Niemand lädt auch so stark dazu ein, das Verbot des anachronistischen Vergleichs zu mißachten und Grellheiten zu verüben, wie er. Irgendwann ist einem im Fall Jesus die maßhaltende Montagetechnik über, es kommt meistens eine Figur des Mittelmaßes heraus, der DiesunddasJesus. Also muß auch die Rede sein von der *Titelabnahme*, die er nahegelegt hat. Er zwingt sich auf, es nützt alles nichts, an der Wand hängt dieser entkleidete Mann, einen Schurz vor den Genitalien, seine Wunden sind sichtbar und seine Haut, aber kein schmückendes Abzeichen sonst, nichts, und ich darunter in den variablen Kostümen. Irgendwann kommt es dazu, daß der Blick in prüfender Gegenüberstellung hin und her geht. Um zu entdecken, wie nackt Jesus war, ist es hilfreich, ein Phantasieexperiment zu machen, nicht flüchtig, nicht nur im Seitenblick, sondern mit ausdauernder Anschaulichkeit. Wir sollten uns Jesus in den amtlichen Kleidern seiner Kirchen vorstellen: Jesus als römischer Papst, im großen Ornat dieses Amtes, mit der Tiara, der Mitra, dem Hirtenstab, dem Fischerring am Finger, im weißen Talar, im Glanz des Primates und der Unfehlbarkeit, Jesus als Metropolit, als Ökumenischer Patriarch, als Superintendent, als Erzbischof, als Hausprälat, als Monsignore, Jesus als Kardinal, Jesus als Titelträger: Hochwürden Jesus, seine Heiligkeit Jesus, seine Exzellenz, seine Eminenz, der Geistliche Rat Jesus. Ich gerate mit der Aufzählung dieser Möglichkeiten in die Nähe des Kabaretts. Alle lachen bei solchen Vorstellungen. Einige werden sagen, es sei theologisch ungehörig, hier sei Differenzierung am Platz. Andere werden es übelnehmen und lieber verbieten wollen, weniger, weil sie um den Namen Jesu besorgt sind, sondern weil sie darin eine Attacke auf die hierarchische Kirche erblicken. Aber ich bleibe bei der Frage: Warum lachen die meisten bei dieser Vorstellung, warum rümpfen theologisch Gebildete die Nase, warum möchten kircheneifrige Katholiken sie untersagen? Warum paßt Jesus so schlecht in das Gewand seiner Stellvertreter, wie sie sich gern nennen? So ganz unangebracht ist der Versuch nicht, Jesus die Tracht seiner Kirche anprobieren zu lassen, um zu sehen, wie sie sich ausmacht an ihm. Denn die Kirche ist es, die unermüdlich behauptet, daß sie nahtlos zum Willen Jesu paßt, ihm mit Amt und Institution entspricht. Vielleicht zeigt sich in dem plumpen Kleiderspiel etwas, das sonst nicht zu entdecken ist, gerade in den gelehrten Darstellungen des Zusammenhanges zwischen Jesus und Kirche gar nicht bemerkt wird. Die Christengemeinden des Anfangs haben in der Meditation der Taufszene am Jordan (Lk 3,15–22) gesammelt, was ihnen aus dem Umgang mit ihm noch im Gedächtnis war. Jesus zieht sich am Ufer des Jordan aus, legt alles weg, bis er in bloßer Haut dasteht. Über dem nackten Mann öffnet sich der Himmel und wird das Wort gesprochen: *Mein Sohn.* Es kommt offenbar in dieser Stunde der Offenbarung allein darauf an, daß von diesem bloßen Menschen unmittelbar zu Gott hin der Faden gezogen wird. Es braucht sonst nichts, nichts dazwischen. Für die Gegenwart Gottes ist die nackte Menschengestalt genug, nicht nur genug, sondern geradezu die einzige Form. Was an diesem Jesus ist, der Leib, die Seele, das Bewußtsein, der Wille, die Gefühle, die Haut, das ist es, womit das ewige Wort Gottes sich verbindet. Hier liegt der Ursprung seiner Wirkung. Die Jüngerschaft hat, man kann es nicht leugnen, besonders später, als sie zur Großkirche geworden war, die Zumutung der Nacktheit ziemlich willkürlich behandelt. Vielleicht ist es nichts als Narrheit, sich darüber Gedanken zu machen, da es nun einmal das kirchliche Christentum in der bekannten Form gibt und die Macht des Faktischen gewiß stärker sein wird als alles Sinnieren. Von keiner Soutane wird wegen meiner Rede ein Knopf abspringen. Die Titelabnahme ist ein aussichtsloses Unternehmen, nicht nur in Österreich. Hat Jesus die Menschen nicht gekannt, nicht damit gerechnet, daß gerade Gott der begehrteste Schmuck ist, die Fundgrube für die Bedeutungssprache?

War er ein Narr der Träume? Aber narrenhaft war auch seine Unbekümmertheit, als er ganz allein anfing, den Gottesgedanken neu auf den Weg zu bringen. In seiner Spur gehen – hat das nicht von Anfang an immer wieder aus aller Normalität hinausgetrieben, aus aller Wohlangezogenheit, aus allen sprachlichen Regelungen, hin zum Spiel mit dem Ganzen, zu lockeren Hasardgedanken? Je länger ich Priester der katholischen Kirche bin, desto stärker fühle ich die Ironie im göttlichen Verfahren, ich sehe Blitze von Humor durch die feierlichsten Vorgänge schlagen, Zumutungen meiner eigenen Lächerlichkeit überfallen mich. Gut ausgerüstet bin ich mit Professur, Beamtenstatus und unauslöschlicher Weihe, zweimal habe ich das römische Nihil obstat bekommen, um die rechte Lehre über Jesus vorzutragen, im Meßornat trete ich festlich aus dem Alltag, ein Zentrum für alle Augen und Ohren. Plötzlich, immer wieder plötzlich fällt mein Blick auf *ihn, den nackten Sohn Gottes*. Ich schaue mich an in meinem geschmückten Auftritt, und alles fällt ab, lachen möchte ich, laut lachen, mittenhinein auch in das gewölbte Bedeutungsgetue meiner Zunft, jene grimmige Ruhelosigkeit, die sich überall einzwängt und das Prestige Jesu an der Häufigkeit der eigenen Auftritte mißt. Die Inszenierung des Stückes *Menschwerdung* enthält komödienhafte, groteske Züge. Darin ist vermutlich auch eine Art Trost enthalten. Die Sinne machen ihr Geschäft mit dem Großen, Leisen, Einfachen. Das ist verständlich. Die Nacktheit Gottes mögen sie nicht im puren Zustand, weder sein Dunkel noch sein Licht. Sie verkraften sie vielleicht gar nicht, es bedarf der mildernden, Kompromisse schaffenden, Dämmerungen zulassenden Aufmachung. Also wäre der kirchliche Repräsentationspomp die Vermarktung Jesu in der Welt menschlicher Tragfähigkeiten und Geltungsbedürfnisse. Mozart landet in der Mozartkugel, Jesus gerät unter die Konsistorialräte. Der Prachtapparat der Stellvertreter ist ein Fahrzeug für Jesus, für die Reise seiner nackten Wahrheit durch die Zeit, in der dramatischen Form des

Kontrastes. Dieser hat immer wieder die Aufmerksamkeit auf die bloße Haut Jesu hervorgerufen, bei den Trägern der Vespermäntel und bei denen, die ihn, Jesus, wörtlich nehmen und anfangen, nackt zu gehen. Das zelotische Ärgernis, das an diesem Gegensatz oft genommen wird, ist nicht mehr als das grimmige Echo der grimmigen Beflissenheit, mit der sich das Karussell dreht. Es ist besser, die Einladung zum Lachen wahrzunehmen.
Ein primitives Leseerlebnis, das mir hin und wieder zustößt, verläuft so: Während der Lektüre des Neuen Testamentes, aber öfter noch im Umgang mit den theologischen Fachbüchern, die ich zu mir nehmen muß, habe ich mittendrin den dringenden Wunsch, die Hetzjagd nach der Erlösung zu unterbrechen, zu Jesus zu sagen: Komm, wir setzen uns unter diesen Ölbaum, er hat genug Schatten für zwei, und wir essen ein Eis, in der nächsten Stunde passiert nichts. Erzähl mir, schweige, tu was du willst, nur renn nicht drauflos. Ich spüre in den Zeilen die Atemlosigkeit Jesu, die erlösungssüchtige, therapiebedürftige Meute ist hinter ihm drein, Saugnäpfe fressen sich an seinem Leib und seiner Seele fest. Er wäre wahrscheinlich froh um die nutzlose Stunde, der Taugenichts sein zu dürfen, fernab des Dauerbeweises seiner metaphysischen Tüchtigkeit. Sie geben keine Ruhe, bis sie ihn festgenagelt sehen an seinem Holz, das ihn nicht mehr auslassen darf, in der Treibjagd auf Golgatha gehetztes Lamm, von allen Seiten umstellt und aufgehängt. Er muß seine Leistung abfüllen in die Gnadengefäße, wie es das Fresko in der Salzburger Franziskanerkirche anschaulich schildert. Ich lasse unkontrolliert ein vielleicht unsinniges Gefühl heraus und nenne es einfach *Erbarmen mit Jesus.* Der Gedanke, der sich in dieser Phantasie austobt, lautet in ruhiger Fassung: *Jesus muß wohl mehr sein als der Funktionär der Erlösung.* Irgendwo sollte es doch einen Augenblick geben, einen Lebensort vor der Einspannung in die Heilspläne, wo er *ist*, wo sein Fleisch und sein Geist unbenutzt anwesen: die

Muße Jesu. Sollte ihm nicht zugute kommen und auch gelingen, was die ältere Tradition von der Weisheit sagt: „... als er die Fundamente der Erde abmaß, da war ich als geliebtes Kind bei ihm. Ich war seine Freude Tag für Tag und spielte vor ihm allezeit. Ich spielte auf seinem Erdenrund, und meine Freude war es, bei den Menschen zu sein"?[48] Ist es ganz unmöglich, sich einen Augenblick den müßigen Menschensohn vorzustellen?
Dagegen stehen der herkömmliche Sprachgebrauch, ein Haufen von frommen Gefühlen und nicht zuletzt eine Definition, mit dem die neuere Theologie versucht, Jesus in Sein und Bedeutung prägnant zu fassen: *Er ist der Mensch für die anderen Menschen. Sein Wesen ist Hingabe und Liebe, seine Existenz reine Pro-Existenz.*[49] Der euphorische Gebrauch dieses Begriffes legt den Wunsch nahe, es sei nun das theologische Schlüsselwort für die nächste Zeit gefunden. Mir scheint aber, um im Bild zu bleiben, die Formel öffnet nicht nur, sondern sperrt auch zu oder begünstigt ein Verständnis des Lebens Jesu, das kaum vereinbar ist mit dem Urdatum *Liebe* im christlichen Sinn. Das läuft doch hinaus auf die totale Instrumentalisierung Jesu, sein Verschwinden in der Rolle, die ihm auferlegt ist. In der Gegenwart geschieht die Wahl der Begriffe durch Theologie oft unter dem Druck einer allmächtigen sozialen Option. Das Christliche hat um und um wegzustreben von allem, was irgendwie nach dem Ich riecht. Es ist das unübertreffliche Ereignis der Umkehr aller Interessen in das Sein-für-andere, die Einschmelzung des eigenen Seinsstandes in die Hingegebenheit. Jesus aber muß dafür das große Beispiel sein. Die Grenzen dieser Sprachregelung zeigen sich, wenn die Liebe bedacht wird, um die sie sich offensichtlich dreht. Der erste Schritt, den sie tut, ist einfach, aber elementar, und besteht in dem, was Kant im kategorischen

---

[48] Spr 8, 30–31.
[49] H. Schürmann, Jesus. Gestalt und Geheimnis, Paderborn 1994, 286–345; W. Kasper, Jesus der Christus, Mainz 1974, 257–258.

Imperativ fordert: „Handle so, daß du die Menschheit, sowohl in deiner Person, als in der Person eines jeden andern, jederzeit zugleich als Zweck, niemals bloß als Mittel brauchest."[50] Sie beginnt also damit, daß sie das Individuum, auf das sie sich richtet, aus allen benützbaren Materialien unbedingt hervorhebt, aus dem Zwang der Funktionen befreit. Als Zweck anerkennen bedeutet die geliebte Person in ihrem ureigenen Sein lassen, ihr zugestehen, daß sie mehr ist als aller denkbare Nutzen, der von ihr ausgehen mag. Dann kann sich die gesammelte Kraft der Zuneigung auf sie richten und alles entgegennehmen, was an beglückender Antwort zurückkommt. Das gilt wechselseitig, für das Lieben wie für das Geliebtwerden. Deshalb spricht die Theologie in anderen Zusammenhängen mit Recht davon, daß die Würde der Person nicht einfach in ihrer Funktion vergraben werden darf: Die Frau ist mehr als Ehe-Frau, als Familien- und Gebärmutter. „Die menschliche Person in ihrem Wesen und ihrer Würde verlangt … einen unbedingten Respekt, der von einer frei vollzogenen Ziel- und Wertsetzung unabhängig – absolut – ist."[51] Irgendwann sollten die Christen an Jesus den nicht nutzbaren Überschuß sehen und eine Sekunde zwischendurch ihre Andacht darauf richten, ihn selbst hervorholen aus der Erlöserfunktion, damit er nicht zu einer Struktur oder einem Vorgang herabkommt, sich in ein Christusprinzip verwandelt. Sie sollten ihn suchen auf dem Petersplatz, damit dieser nicht zum Symbol des Verschwindens Jesu wird, das Rilke gefordert hat: „Es ist kein Zufall, daß er in einem Kleid ohne Naht herumging, und ich glaube, der Lichtkern in ihm, das, was ihn so stark scheinen machte, Tag und Nacht, ist jetzt längst aufgelöst und anders verteilt. Aber das wäre ja auch, mein ich, wenn er so groß war, das Mindeste, was wir von ihm fordern können, daß er irgendwie ohne Rest aufgegangen sei, ja

---
[50] I. Kant, ThWA VII, 61.
[51] K. Rahner, Schriften zur Theologie II, Einsiedeln ²1956, 258.

ganz ohne Rest – spurlos "[52] Es ist wahr, Jesus redet von der Selbstzwecklichkeit aller, wenn er sagt, *Freunde seid ihr, Kinder des ewigen Vaters, Liebe erstreckt sich auch auf den Feind*. Da meint er doch die Zuwendung der unbedingten Achtung von seiten Gottes, der kein alles verbrauchender Naturgötze ist. Aber daran fehlt noch etwas, er sollte es nicht nur eilig sagen, sondern selbst in Langsamkeit *sein*. Dieses Privilegium, aus dem die Liebe hervorspringt und das sie zugleich stiftet, ist ihm nicht nur zu gönnen, es ist notwendig, daß es an ihm deutlich sichtbar wird. Die Sprachspiele der Vernutzung Jesu dominieren in einem Maß, daß die Zeichen seiner Zwecklosigkeit am Schattenrand der Wahrnehmung bleiben. Jesus als Objekt des sakralen Umgangs, der eßbare in der Monstranz, zu Fronleichnam, im Ziborium, der Kindchenjesus, das Kreuzopfer, das Lösegeld, das stumme Lamm. Ich kann ihn trotz der Übermacht dieser Nutzworte nicht verbrauchen wie ein Nahrungsmittel, wenn ich ihn zur Kommunion esse. Wie demütig er sich mir auch gibt, ich kann ihn nicht nehmen wie ein Stück Brennholz. Ich nehme den Unnehmbaren, wie David Gott genommen hat, als er vor der Lade des Bundes tanzte (2 Sam 6,14), wie Moses Gott genommen hat vor dem brennenden Busch (Ex 3,2–6). An dieser heiligen Entzogenheit muß der Mensch Jesus teilhaben. Sollten die Jesusleute der ersten Stunde an ihm nicht auch darauf gestoßen sein, könnte sonst bei Johannes (1,14) zu lesen sein: „Wir haben seine *Herrlichkeit* gesehen"? Das Wort spricht vom Überschuß seiner Gegenwart, seines Wortes, seiner fühlbaren körperlichen und geistigen Nähe, seinem Gesicht. Ähnliches sagt ein Ausruf des Simon Petrus im Taborerlebnis, überliefert freilich aus einem entrückten Augenblick, in dem wohl schon das Ganze des Weges Jesu im Osterglauben zusammengefaßt wird: „Hier ist gut sein."(Mk 9,5) Die Spuren dieser Erfahrung werden in der eiligen Suche nach der Proexi-

---

[52] R. M. Rilke, SW 11, 1112.

stenz Jesu oft überlesen: sein machtvolles Reden (Mk 1,27), sein Ich-sagen (Mt 5,22.28.32), sein Schlafen während der Bootfahrt (Mt 8,24), die Regungen seines persönlichen Willens gegen den Versucher (Lk 4,1–13), das Angstgebet und der Todesschrei (Mk 14,33–36; 15,34.37). Die Texte geben die Möglichkeit, von einer Rollendistanz Jesu zu sprechen. Nicht als hätte er die Aufgabe, die er vor sich sah und die ihm aus den Situationen immer deutlicher zuwuchs, im Abstand der Beliebigkeit neben sich hergeführt, sondern weil die Hinweise auf seine *Arbeit an der Sendung* nicht zu übersehen sind. Die Differenz zwischen dem Willen Jesu in bezug auf seinen Tod und dem Deutewillen seiner Gemeinde im Angesicht seines Todes sollte stärker bedacht werden. Jesus beginnt seinen öffentlichen Weg, indem er sich mit seinem Wort, seinen Heilungshandlungen, seiner Gottesintensität unter die Leute bringt. Erst ab einem gewissen Punkt erfaßt ihn der Sog und zieht ihn mit wachsendem Tempo hinab in die Enge des gewaltsamen Endes. Die Perspektive der Evangelien ist vom Sturz her errichtet und von der Beschleunigung bestimmt, in dem die Ereignisse einander folgen. Das ergibt eine gewisse Verkürzung für die Tätigkeit Jesu *vor* dem Leiden und verführt dazu, sie als Vorspiel zu betrachten, das auch weggelassen werden könnte. Ist es denn ganz ausgeschlossen, daß für die Blickrichtung der Erzählung auch der Punkt der Bergpredigt hätte gewählt werden können? Das Interesse des Glaubens, den Tod Jesu mit dem Willen Gottes in positive Verbindung zu bringen, ist nicht dem Ursächlichkeitszwang gleichzusetzen, der die Rede vom Gottesheilsplan manchmal beherrscht. Er läßt Sinn nur entstehen auf der Linie von Ereignissen und Absichten, die in lückenloser Folge auf das Ziel des Kreuztodes gerichtet sind. Die tröstende Gewißheit, es mit Gott, nicht mit Zufall und blindem Schicksal zu tun zu haben, scheint an die Herstellung eines einsehbaren Kontinuums gebunden zu sein. Gott dürfte in seinen Veranstaltungen nicht springen. Doch gerade das kann sein, daß das eine und das andere, Jesu Chance in Galiläa und Jesu Vernichtung in Jerusalem, zugleich und ganz möglich waren, daß Jesus den Tod auf sich genommen hat als den Schlag herein, den er im Augenblick gar nicht rundum verstehen konnte, vor dem er aber nicht zurückwich, weil das der Kapitulation samt seiner Sache gleichgekommen wäre. Die Gemeinde sieht in seinem Standhalten den Grund für das Gutwerden zwischen Gott und Welt. Aber Jesus wäre auch noch jemand, wenn er nicht hingerichtet worden wäre, wenn er sein Blut nicht hätte für den bekannten Zweck verwenden lassen müssen. Er wäre der Prophet der Bergpredigt, der Mann der Heilung, des gewaltigen Wortes, der Gottberührung, des brennenden Vertrauens, der unmittelbaren Menschlichkeit. Er will doch in seinem Gebet vor der Verhaftung sagen: *Es geht auch anders, mein Werk muß nicht in diese Gasse führen. Erhöre mich, und ich werde in deinem Willen weitergehen.*

Die Erhörung als Bewahrung vor der Passion ist Inhalt der Bitte an den Vater, nicht Einflüsterung des Versuchers aus der Wüste. Es gibt einen Raum der Möglichkeiten, in dem sich das Ich Jesu frei bewegt. Nach Aristoteles sind die Tyrannen daran zu erkennen, daß sie den Untertanen keine Muße gestatten, sie ununterbrochen in die Leistungsfunktion zwingen[53], um sie als eigenständige Personen auszuschalten. Auf theologischer Ebene richtet sich die Kritik des Begehrens ebenfalls dahin, wo das Heilige in seiner Dienlichkeit, nicht um seiner selbst willen gesucht wird. „Denn das ist größer und seltener und empfiehlt einen Mann mehr, wenn er die Weisheit nicht als Buhle oder Dirne, sondern als seine Braut besitzt und Liebhaber ihrer Form, das heißt der Wahrheit, ist, nicht Liebhaber von irgend etwas anderem, (zum Beispiel) des Nutzens oder der Ehre oder von irgend etwas, was außer oder neben der Weisheit liegt."[54]

---

[53] Aristoteles, Politik V, 11.
[54] Meister Eckhart, Expositio libri Sapientiae VIII, 2, in: Die lateinischen Werke II, Stuttgart 1975, 536.

Wenn Andacht auch Aufmerksamkeit bedeutet, die Genauigkeit der Unterscheidung einschließt, nicht in Begriffen, sondern an den bedeutenden Lebewesen, wenn sie den Abstand gewahr werden läßt zwischen dem eigenen Bedürfen und dem Gegenüber, aus dem vielleicht die Hilfe kommt, dann heißt das für Jesus: *Ihn nackt aus den Funktionsgewändern lösen* mitten in der Dankbarkeit für seine Wirkungen. Die Zeit lang wenigstens sollte das dauern, die man braucht, um seinen Namen auszusprechen.

Die Universum-Filme, die seit einiger Zeit im Fernsehen geliefert werden, geben Einblicke in den Lebenshaushalt der Natur, wie sie bis jetzt so allgemein und anschaulich nicht möglich waren. Der größte Eindruck dabei, der die Bezauberung durch die Vielfalt und Schönheit der Formen überwältigt, ist das ununterbrochene Fressen und Gefressenwerden. In der furchtbaren Anschauung dieses Würgens, Schlingens, Zerreißens, des Aufwandes an List und Täuschung, um zur Nahrung zu kommen, bis ins sanfte Pflanzenreich hinein, erweist sich die Natur als ein Krieg, in dem es Waffenstillstände nur gibt für die Stunden, in denen die zerlegte Beute in den Eingeweiden verdaut wird.

Beim Zuschauen rutscht einem hie und da das Bild Jesu in die Szene, denn die Phantasie läßt sich durch Vorstellungsverbote, wie sie in der Zunft der Theologen üblich sind, nicht bremsen. Der Heiland wohnt der Jagd zweier hungriger Löwen auf ein Erdferkel bei. Das Tier wird von den Jägern ausgegraben, hat kaum die Zeit für einen erschrockenen Schrei und ist zwei Minuten später ein blutiger Fetzen. Jesus steht dabei und rührt keine Hand und sagt kein Wort. Nach dem Film der Griff nach dem Neuen Testament und die Vergewisserung: Die Television vom *naturfremden Jesus* kann nicht widerlegt werden. Ungeduldiges Zurückblättern in der Bibel und die Frage: Wäre nicht von ihm die Einlösung der Jesajaprophetie zu erwarten gewesen, nicht nur des Leidensprogramms im Kapitel 53, sondern die Ankündigung der Friedensaktion in die Natur hinein? „Dann wohnt der Wolf beim Lamm, der Panther liegt beim Böcklein. Kalb und Löwe weiden zusammen, ein kleiner Knabe kann sie hüten. Kuh und Bärin freunden sich an, ihre Jungen liegen beieinander. Der Löwe frißt Stroh wie das Rind." (11,6–7) Davon kommt im Arbeitspensum Jesu nichts vor. Im Neuen Testament wird einerseits im großen Ton von der Fleischwerdung gesprochen, mit gleichem Pathos andererseits von der leiblichen Auferstehung. Christus wird in den kosmischen, schöpfungstheologischen Symbolkontext eingefügt.[55] Dazwischen aber steht der akosmische Jesus, der alle Aufmerksamkeitsenergie in dem Brennpunkt Gott-Ich versammelt. Die heutige Problem- und Stimmungslage fördert die Bereitschaft, ihm das neuzeitliche Naturgefühl zuzuschreiben. Wie weit dieses von ihm entfernt ist, läßt sich an einem hymnischen Text des Novalis nachweisen: „Wem regt sich nicht das Herz in hüpfender Lust, wenn ihm das innerste Leben der Natur in seiner ganzen Fülle in das Gemüt kommt! Wenn dann jenes mächtige Gefühl, wofür die Sprache keine andere Namen als Liebe und Wollust hat, sich in ihm ausdehnt, wie ein gewaltiger, alles auflösender Dunst, und er bebend in süßer Angst in den dunkeln lockenden Schoß der Natur versinkt, die arme Persönlichkeit in den überschlagenden Wogen der Lust sich verzehrt, und nichts als ein Brennpunkt der unermeßlichen Zeugungskraft, ein verschluckender Wirbel im großen Ozean übrig bleibt!"[56] Spräche Jesus dieses Kerygma, wäre ihm die Natur in der gesamten Gewalt und Fülle ihrer Erscheinung das Göttliche und Unbedingte, dem er sich in der mystischen Lust der Vereinigung, die zugleich ein Verschwinden ist, völlig übergibt. Aber bei ihm ist das kosmische Allgefühl nicht anzutreffen, es gibt keine Geschichten

---

[55] Joh 1,1–3; 1 Kor 8,6; Kol 1,15–17; Offb 1,10–18.
[56] Novalis, Die Lehrlinge zu Sais, in: Werke und Briefe, hg. v. A. Kelletat, München 1968, 132.

über die Zutraulichkeit der Natur, daß sich die Lebewesen an ihn drängen wie zu Franz von Assisi, Antonius von Padua und vielen anderen, vor allem in der Mönchstradition. Es ist nichts von einem Tierfreund an ihm, man stelle sich vor, Jesus hätte einen Dackel gehabt! Er war kein Pflanzenpfleger, hatte keine Gärtnerhände. Viele wünschen sich heute, er ließe sich in einen moosbehangenen, Margeriten schwingenden Druiden verwandeln. Solchen Metamorphosen widersteht er besonders schroff. Jesus frustriert die Naturfreunde. Warum dieser Ausfall in seiner historischen zeitlichen Existenz? Ich sammle die Fragezeichen, die sich an diesen Befund anhängen. Die Natur ist kein Kleid Jesu, als Wohnung, Heimat, religiöser Bergeraum. Der fromme Jude, der er war, hat gewiß den Psalm 104 gebetet und die dort geäußerte Schöpfungsfreude geteilt. Der Treibsatz, der ihn bewegte, lag jedoch nicht in der geruhsam verweilenden Kontemplation der Schöpfungsdinge. Er war ein Pfeil über alles hinaus, im unendlichen Sprung auf Gott zu, *der im Kommen ist.* Wo bleibt die Erde, was ist mit den Galaxien? Jesus könnte als Einladung verstanden werden, die gnostische Konsequenz zu ziehen. Dann wäre er der Zeuge einer Abstandnahme von der Schöpfung, an der nichts mehr wahr und gut sein kann. Von ihm ginge die Ermächtigung zur pneumatischen Arroganz gegenüber der stofflichen Wucht des Kosmos aus. Der Schluß auf die Hoffnung, den Paulus Röm 8,19–23 nahelegt, wird ihm besser entsprechen, denn Jesus fehlt nicht nur jedes Ressentiment gegenüber der Schöpfungsvorgabe, er bewegt sich in ihr mit schweigendem Vertrauen. Seine Bitte um das Kommen des Reiches bricht dieses Vertrauen nicht, sondern stiftet ihm die Gegenwart des Zukünftigen ein. Aber es bleibt der Schock des Quantitativen, unser Blick ist aufgerissen in die Lichtjahrdimensionen, taumelt hilflos in den Ausdehnungen und sinkt zurück in den vertrauten Kreis der anschaubaren Wirklichkeit. Die Naturlosigkeit Jesu fühlt sich an wie die Abstraktion, die in den Märchen das Beachtenswerte mit naiver

Gewalttätigkeit heraussucht. Ist die Bibel mehr als eine Sammlung Nestgeschichten mit Randbemerkungen über die Welt, die sich außerhalb erstreckt? Die Unterscheidung der christlichen Vision von der gnostischen ist nicht viel mehr als eine Behauptung, wenn in der Lehre über die Letzten Dinge die kosmische Wirklichkeit eingetrocknet wird auf Reste, die kaum noch etwas bedeuten. In der Vollendung tritt der geistbestimmte Mensch allein in die endgültige Verbindung mit der ewigen Fülle des Lebens ein, vom Kosmos ist noch irgendwie das *Moment Leiblichkeit* übrig. Es scheint aber mehr um der Ganzheit des Menschen willen festgehalten zu sein als aus dem Interesse am Sein außerhalb, an Tieren, Pflanzen und Elementen. Das bleibt irgendwo oder eher nirgendwo zurück. Die Theologie tröstet sich wahrscheinlich unbewußt, wie Hans Jonas sich tröstet, mit der Behauptung, daß uns der Kosmos nichts angeht, weil wir ihn nie betreten und keine Kommunikation über die Erde hinaus einrichten können.[57] Wo bleibt Jesus? Hilft der Umgang mit ihm, die Lage angemessener zu erfassen, was bedeutet er für den kosmischen Horizont des Denkens? Eine mögliche Antwort könnte die Idee sein, Jesus sei ähnlich wie Sokrates, aber ganz anders und unbedingt auf Gott gerichtet, die geistige Schaltstelle im Universum, gerade in der Kraft seiner Abstandnahme. Er habe das ganze Feuer in den Brennpunkt der Seele gelenkt, damit dort der kosmosfähige Mensch geboren wird, der sich den Energien und Dimensionen im Mikrowie im Makrobereich aussetzen kann. Erst der wache Mensch, der aus der Einübung Jesu hervorgeht, wird in der Lage sein, allmählich sein Auge nach außen zu wenden in die Ungeheuerlichkeit, ohne am wachsenden Zufallsgefühl zu verzweifeln, an der Aussichtslosigkeit vor diesem Übergewicht zynisch zu werden oder erst recht Lust zu bekommen, die kalten Kausalitäten der fressenden Natur nachzuahmen.

---

[57] H. Jonas, Materie, Geist und Schöpfung, Frankfurt a. M. 1988, 66–70.

Zuletzt noch ein Wort über den *scharfen* Jesus. Wenn es auch nicht heimelig klingt, es ist doch wahr, daß es Schimpf- und Drohworte Jesu gibt, sei es, daß er sie selbst gesagt hat, oder daß sie ihm in den Mund gelegt wurden, weil sie ihm zuzutrauen waren. Schwer zu übertreffen das anfahrende *Satan!* zu Petrus (Mk 8,33), Herodes Antipas, sein Landesfürst, wird als *Fuchs* tituliert (Lk 13,32), die Pharisäer und Schriftgelehrten nennt er Heuchler (Mk 7,6; Mt 23), Söhne der Hölle (Mt 23,15), blinde Führer (Mt 23,16.24), blinde Narren (Mt 23,17.19), Nattern und Schlangenbrut (Mt 23,33). Er zog selbst negative Benennungen durch andere auf sich wie: Verführer (Mt 27,63), Gotteslästerer (Mk 2,7), verrückt (Mk 3,21), Dämonengeselle, vom Teufel besessen (Mk 3,22), besessener Samariter (Jo 8,48), Fresser (Mt 11,19), Weinsäufer (Mt 11,19). Zorn und Ungeduld brechen aus ihm hervor (Mk 3,5; Mt 17,17). Auf der Suche nach der Chiffre, in der die statistischen Aufzählungen zu all dem gesammelt sind, was Profil, persönliche Eigenart, Struktur seines Charakters heißen, was Antwort geben könnte auf die Frage, wie er sich anfühlt, bin ich schließlich bei der Überzeugung angekommen, daß dafür nichts besser geeignet ist als das Kreuz. Ich kann es niemand übelnehmen, der über die Banalität dieser Erkenntnis lacht. Es ist in der Tat kein origineller Griff in die christliche Symbolkiste, die hauptsächlich mit diesem Zeichen gefüllt ist. Die gewöhnliche Allgegenwart des Kreuzes verhindert, daß es noch spricht, daß es Jesus sagt. Warum aber nicht, wenn es wirklich um ihn gehen soll, versuchen, das vernutzte, jedoch unersetzbare Material seiner Gegenwart jetzt aufs neue zu lesen? *Das Kreuz ist nicht nur das Zeichen des heilsplanmäßigen Opfertodes Jesu, sondern auch die Chiffre, aus der die Unbedingtheit seines Einsatzes, die blanke Aussetzung seines Ichs und seine Unfügsamkeit zum Geist und Herzen aller Generationen sprechen.* Wir blicken auf ihn aus einer wohlbekleideten, ausstaffierten Institution, die das Abgewogene sucht, das die Extreme ausbalanciert, die unauffällige Mittelmäßigkeit fördert. Was hätte ein katholischer Beichtvater der nachtridentinischen Erziehung Jesus geraten, wenn er sich ihm auf der Suche nach seinem Weg anvertraut hätte? Eine impertinent deplazierte Frage, die sich manchmal wie eine Zecke im Hirn festbeißt. Vielleicht wären ihm die einleuchtenden Mäßigungsformeln zugeflüstert worden, niemand sei verpflichtet, Aktionen zu setzen, die zum Martyrium führen müssen, er solle den Ast nicht absägen, auf dem er sitzt, Gott liebe die normalen Wege, er müsse nicht alles so sagen, wie er es denkt oder empfindet, solle sich bescheiden Rechenschaft geben über seine Ansprüche gegenüber den rechtmäßig bestehenden Autoritäten. Ich würde, soweit ich um mich weiß, solche Sätze in ähnlichen Situationen gern hören und fühle manchmal bei Blicken, die Zeit haben, am Crucifixus zu verweilen, Erleichterung, daß nicht ich es bin, den die Wahrheit so überfallen hat. Dann geschieht es auch, daß man zu kramen beginnt in den Techniken, die es erlaubt hätten, sich besser, in mehr Möglichkeiten zu bewegen, als es in diesem Fall geschehen ist. Man ist plötzlich dabei, Jesus hinterdrein an sein Holz hinauf Vorschläge zu machen, wie es hätte laufen können an der Katastrophe vorbei und ohne Beschädigung des Gewissens, auf dem Weg der friedlichen Allmählichkeit. Dann stutzt die sinnierende Seele, denn sie steht vor dem Gedanken, ob er nicht selbst es dahin getrieben habe, es wäre an ihm gelegen, den Weg durch die Institutionen anzutreten, den Sanhedrin zu unterwandern. Sie fragt sich, ob sie nicht das Kreuz als das Symptom einer Übertreibung und vertaner Chancen bedauernd zur Kenntnis nehmen müsse. Die streunende Spekulation bringt es fertig, Jesus im Labyrinth der Erwägungen verschwinden zu lassen, sodaß es auf einmal ganz ungewiß wird, wo er ist, ob er überhaupt irgendwo ist. Der Konjunktiv bemächtigt sich seiner, es wäre grundsätzlich alles denkbar. Und es ist schließlich doch einleuchtend, auch wenn sich der Widerwille noch hält, an den einzigen Ort zurückzukehren, an dem er zu finden ist, an den unvertauschbaren Ort seiner Fixierung. Vielleicht vermag das Kreuz nach den vergeblichen Ausflügen, auf dem man ihm zu entkommen sucht, deutlicher zu reden. Jesus hängt da, weil er einer Aggression zum Opfer gefallen ist, die aus politischen und religiösen Interessen gemischt war. Weniger durch abrupte Änderungen der Inhalte, schon gar nicht durch gewaltsamen Umsturz, sondern allein durch sein Wort und sein öffentlich erfahrbares Auftreten suchte er das objektive Gehäuse der Religion, die seine Heimat war, in Bewegung zu bringen auf die Gegenwart Gottes hin. Das Bestehende unterwarf er einer kritischen Sichtung, die Substanz aber nahm er vollkommen in sich auf, um sie in die neueste, erst jetzt einfallende Aktualität zu übersetzen, um das Ganze schwebend zu machen, aus seiner Stabilität zu reißen. Dafür kannte er keinen Kompromiß, und das duldet kein System. Die Unbedingtheit dieser Art ist etwas anderes als die aus seelischer Unbeweglichkeit wachsende Sturheit. Wir sehen an Jesus die folgerichtige Verwirklichung des Evangeliums durch seinen ersten Propheten. Er riskiert das blutige Ende, weil das Ziel seiner Worte alle, auch die tödlichen Kosten seines Lebens rechtfertigt. Das Polemische, Streithafte, zuweilen Eruptive, Zornige an ihm, das in den Quellen durchscheint, hat hier seinen Sinn. Vorsichtig oder sparsam mit sich umzugehen war nicht seine Art. Aus den möglichen Abstützungen, davon war schon die Rede, ist er frei hervorgetreten. Er setzt sich aus. Wer sich in seine Nähe begibt, bekommt es sicher mit ihm zu tun, es gibt keine vorgeschobenen Instanzen, die abfangen, dazwischen filtern. So wird an ihm eine wehtuende Ungesichertheit sichtbar. Durch sie verstört er den Menschen der Institution, weil er deren Umfriedung kaum benützt und jedenfalls kritisch bespricht. Jesus ist auch ein Affront für alle, die in der peniblen Abwägung ihrer Erlebnis- und Genußchancen das Kriterium für den Einsatz der Lebensenergien sehen. Der Standard der technischen Zivilisation erleichtert die Option ungemein, möglichst lange jung zu bleiben, sehr alt zu werden, volle geistige Frische und Funktionstüchtigkeit der Gefäße zu behalten, die Welt in allen Dimensionen erfassen, die komplette Parabel voll auslaufen zu können, und am Ende, wenn es schon sein muß, ohne den Abgang zu merken, mitten im Konsumorgasmus zu sterben. Jesus ist gegenüber den Programmen der Selbstverwirklichung von leichtsinniger Gleichgültigkeit. Schon Clemens von Alexandrien ist die Geschwindigkeit der Bewegung Jesu aufgefallen. Sie könnte von außen her vielleicht als die Maske der Angst um das Lebenspotential angesehen werden, als die Hetze nach den Möglichkeiten oder die Eile des Todestriebs.[58] Der antike Lehrer deutet sie aber anders, er spricht von der Beschleunigung, die aus der Leichtigkeit Gottes kommt. Sie überholt die Zeit in ihr selbst. „Mit unübertrefflicher Schnelligkeit und leichtzugänglicher Freundlichkeit ist die göttliche Macht leuchtend über der Erde erschienen..."[59] Was hätte eine achtzigjährige Ausführlichkeit noch bringen können? Der Sprint endet im Anlauf. Vielleicht war diese Ahnung in Jesus selbst sehr stark. Die Zusammenfügung der Eile in der Lebensbewegung und des Verweilens in den Einzelheiten der Welt macht aus seiner Gestalt ein unruhig treibendes Rätsel.

Beim Anblick der Papstporträts in der römischen Basilika Sankt Paul vor den Mauern – lauter Männer sind abgebildet, die älter waren als Jesus –, stellt sich immer wieder die Frage ein, wie die persönliche Sendungsautorität Jesu in ihrer einmaligen Form übergehen konnte in die sehr andere imponierende Gestalt der Institution. Mußte dazu nicht manches zurechtgemacht, stilisiert, retuschiert werden, weil es doch an störenden Momenten bei Jesus nicht fehlt? Seine Demut zum Beispiel, die in der kirchlichen Tugendforderung ständig zitiert wird, ist nicht ganz leicht in das zu übersetzen, was das Zwei-

---

[58] P. Sloterdijk, Weltfremdheit, Frankfurt a. M. 1993, 208–212.
[59] C. v. Alexandrien, Mahnrede an die Heiden X 110, 1.

te Vatikanum von den Priestern verlangt. Sie werden, sagt das Konzil, Christus gleichförmig, indem sie „gläubigen Geistes annehmen und ausführen, was der Papst und der eigene Bischof sowie andere Vorgesetzte vorschreiben oder nahelegen".[60] Wenn ich recht sehe, hat Jesus eines besonders verabscheut: den Sittenstolz der frommgestimmten Bourgeois, jener Typen, die sich fugenlos in das System einbringen und genau darauf achten, daß ihnen aus dessen Kanälen die gehörigen Portionen Ansehen und religiöser Sicherung zufließen. Was ist das oft anderes als listige, geduckte Hybris, die auf biegsamen Wegen zu dem kommt, was ihr Anspruch ist, jene Servilität, die zu dem führt, was Elias Canetti in das Bonmot gefaßt hat: „Er hielt die andere Backe so lange hin, bis man ihm einen Orden darauf klebte."[61] Der Geschmack Jesu ist eher dort getroffen, wo zu dämmern anfängt, wie wahr es ist, mit Leib und Seele zu wissen, daß ich nicht Gott bin, daß Gott allein gut ist, wenn das Wunder in Vernunft und Herz einbricht, daß überhaupt etwas ist, wenn die Glücksbegierde für Augenblicke vergessen wird, eingetauscht gegen die Gewißheit, daß alles aus freiesten Stücken gegeben ist und niemand sich von keiner Stelle aus zu gut sein darf, um in Verbindung zu treten nach allen Seiten, nach oben und unten hin. Am Ende solcher Dämmerungen kommt mitunter das zustande, was gemeinschaftsdienliche Haltung ist und Demut genannt werden kann, die Kraft, sich ohne Blinzeln am eigenen Lebensort aufzuhalten.

Der beliebteste Kurzschluß geschieht im Bezug auf den Gehorsam Jesu. Wie er folgsam den Willen des himmlischen Vaters ausführte, so hat demnach der Christ zu tun, was die kirchliche Obrigkeit anordnet. Wem das zu erfunden, zu grob klingt, lese bei Hans Urs von Baltha-

---

[60] Presbyterorum ordinis (Dekret über Dienst und Leben der Priester) Nr. 15.
[61] E. Canetti, Alle vergeudete Verehrung. Aufzeichnungen 1949–1960, München 1970, 66.

sar: „Das konkrete Modell für das Verhältnis zwischen Führung und Geführtsein in der Kirche bleibt das Verhältnis des Menschen Jesus zum Vater im Heiligen Geist."[62] Die kirchlichen Vorgänge wären in ihrer erlebbaren Gestalt ein abbildendes Nachspiel zum trinitarischen Leben. Nichts ist vom Evangelium her verständlicher als die Mühe, die ganze irdische Lebensmasse so nahe wie möglich an Gott heranzubringen. Die Bewegungen, in denen die geistliche Macht zirkuliert, verdienen es besonders, in das Licht der Offenbarung gerückt zu werden. Wenn das am Jesusbeispiel geschieht, zeigt sich aber sehr bald, daß er der unmittelbaren Zusammenstellung der himmlischen und der irdischen Vorgänge Widerstand leistet. Darum ist es in der Werbung für den kirchlichen Gehorsam nicht ungefährlich, ohne näheres Zusehen von der beispielhaften Folgsamkeit Jesu zu predigen. Der sogenannte Sohnesgehorsam erlaubt keine lückenlose Gleichung: Wie sich Jesus ganz den irdischen Autoritäten – Josef, Maria, Sippe, Tempel, Thoraausleger, Priesterschaft, Machthaber – anschmiegt, so schmiegt er sich in den ewigen Willen Gottes. Sein Verhalten zu Gott ist ursprünglich und unmittelbar, verbunden mit kritischer Distanz zu den Menschen und Ämtern, die für ihn Obrigkeit waren. Der Bruch mit dieser wird zum Medium seines anderen Gehorsams. Er unterscheidet die menschlichen Instanzen sehr deutlich von der göttlichen Autorität, nicht nur dem bloßen Abstand nach, sondern weil sie in ihrem Verhältnis zur Wahrheit selbst empfangende, suchende, irrende Mittler sind, nicht die Quelle selbst. Von kindlicher Anpassung ist bei Jesus daher nicht viel zu spüren. In den Evangelien steht zwar einmal, er sei als Zwölfjähriger seinen Eltern gehorsam gewesen (Lk 2,51), eine Bemerkung, die den Ausgangspunkt seiner Bewegung, nicht sein öf-

---

[62] H. U. v. Balthasar, Pneuma und Institution. Skizzen zur Theologie IV, Einsiedeln 1974, 154.

fentliches Gesamtverhalten kennzeichnet. Viel öfter lese ich von Aktionen des Abstandnehmens, der Verweigerung, von kritischen Worten Jesu. Eine Kinderfibel zur Einübung in die Willigkeit gegenüber den Gottesbehörden konnten die Zeugen seines Lebens nicht verfassen. Dafür fehlten alle Voraussetzungen. Die Deutlichkeit, mit der Jesus die Unterscheidung mitten in der Religion bewußt gemacht hat, sollte nicht erlauben, daß die Christen über sie hinweggehen, sobald sie ihre Kirche organisieren. Daraus müßte auch genug Gelassenheit zu schöpfen sein gegenüber den Anmaßungen, die im Gewand der geistlichen Vollmacht auftreten. Die Gemeinden der ersten Generation hatten davon gewiß noch ein wacheres Bewußtsein, mit den verratenden, davonlaufenden, fehlbaren Aposteln an der Spitze. Jesus, der nicht fügsame Anführer des Glaubens, ist an der inneren Relativierung des religiösen Systems gestorben. Darum reicht er heute mehr als früher über die Kirchen und deren ängstliche Identität hinaus.

Die sich steigernde Wachheit bei Jesus, der sein Gesicht hart machen konnte, sein Herausstehen aus Naturheimat und bergender Umwelt, die Anstrengung, die er verursacht, verhindern seine Auflösung in das Spurlose, die Einschmelzung in geträumte Harmonien, verbieten auch seine Verniedlichung zum kleinen Prinzen. Die Stimme wächst, das Bild wird schärfer. Die Aufforderung zum Schlaf geht nicht von ihm aus. Der paradoxe Neid gegenüber dem Zustand der Fische im See Genesareth war ihm fremd. Sie sind in der Ganzheit, sagt die altbekannte, heute weitum populäre Sehnsucht, die darauf aus ist, die Bewußtlosigkeit bewußt erleben zu können. Das steht für die Erschleichung eines Erlebnisses unter unmöglichen Bedingungen: daß man noch empfinden kann, wenn es nichts mehr zu empfinden gibt, daß man das pure Nichts der eigenen Existenz, die völlige Ruhe der Unruhe genießen dürfte. Aller Jubel über das Einssein (Mt 11,25–27) geschieht bei Jesus aus der Distanz. Sonst wäre Schweigen, und dieses Schweigen

würde sich von der Stummheit des Nichts nicht unterscheiden.
Auf seinem Weg wird die Jüngerschaft hin und wieder mit der Gnade der Leichtfüßigkeit beschenkt. Jesus hat nicht die Niederlegung des Steilen im Sinn oder die Entschärfung des Dramas, die Ersetzung der Leidenschaft durch Gemütlichkeit. In ihm geschieht aber die Umwandlung des Schwerkräftigen, des Schicksalsgewichtes in ein anderes, auf Zukunft und Möglichkeit hin offenes Spiel. Jesus holt den Glauben dorthin, wo er allein sich sicher bewegen kann, auf das Seil, von der plattfüßigen Erde weg. Denn er bewegt sich auf dem äußersten Punkt des Ungewöhnlichen, im Spotlight des Wunders, und schon in seiner irdischen Messiasarbeit hat er mit jedem Schritt diesen Punkt selbst erzeugt.
Paulus nimmt das Thema der Nacktheit in seiner Weise auf. Nach all den Spiegeln, schreibt er (1 Kor 13,12), nach den Rätselfiguren, Masken und Zwischenschaltungen in der irdischen Zeit wird nichts sein als *das Gesicht*. Gesicht Gottes und mein Gesicht, der Augenblick, in dem die Sehnsucht nach der Wahrheit zu ihrer Erfüllung kommt und die Angst vor ihr gelöst wird. In dieser seligen Erträglichkeit der entkleideten Wirklichkeit wird es endlich zu dem kommen, was schon lange, auf den irren Wegen der Menschengeschichte, geahnt, vorgesagt, probiert, gekostet wurde, zur Liebe. Der nackte Jesus übt sie ein, ungewöhnlich, befremdend, angreifend, Entscheidung fordernd, anstrengend und vorläufig. Widersteht ihm nicht immer noch, in unserem Geschmack, in der ängstlichen Lust an den Ornaten, in der Mode, in allen religiösen und politischen Draperien, der Wille zur Verhüllung? Wird es also nicht so sein müssen, wie es in einem Textfragment Rilkes heißt: „da wir uns so große Kleider machten, kommt das Unbekleidetsein zuletzt"?[63]

---

[63] R. M. Rilke, SW 3, 109.

Der häßliche Jesus

Im Rahmen der alten, tridentinischen Liturgie gab es Symbolhandlungen, die mehr am Rand der eigentlichen Mysterienfeier stattfanden, aber manchmal von unvergeßlicher Kraft waren. Ich erinnere mich lebhaft daran, daß am Karfreitag der Ritus des Kreuzküssens stattfand. Einige Male war ich mit dem Großvater dabei. Der alte Mann und ich, der Zehnjährige, rutschten im Mittelgang der Kirche mit den anderen Gläubigen auf den Knien an einen großen Crucifixus heran, der an den Stufen zur Kommunionbank lag. Etwa fünfzehn Meter wurden so zurückgelegt, während der schmerzhafte Rosenkranz gebetet wurde. Dann beugten wir uns über den gemarterten Jesus und drückten den Mund auf die fünf Wunden. Dazu kamen noch die süßen Gesänge, das wiegende *Laß mich deine Leiden singen, Heiliges Kreuz sei hochverehret, hartes Ruhbett meines Herrn.* Ich will jetzt nicht mehr wissen als damals, sondern nur nennen, was ich mir gemerkt habe. Es war wirkliche Trauer in mir, aber schon von anderen Gefühlen halb getröstet, weil ich nur auf den Tabernakel schauen mußte, um gewiß zu sein, daß der angenagelte Jesus in Sicherheit ist. Die Kreuzplastik vor uns war schön gearbeitet, es gab keinen Anlaß, mich vor ihr zu grausen, das Gesicht Jesu lag im sanften Frieden des Schlafes hingebreitet. Trotzdem war eine Ekelempfindung in mir, von der mir am deutlichsten noch die Temperatur gegenwärtig ist: sie war kalt. Denn kalt war die Frage, die mich auch unandächtig machte, warum er so behandelt, so wie ein Stück Holz hergeworfen wird, warum Gott das nötig hat. Mein Vater würde seine Kinder nicht so wegtun lassen, das wußte ich genau. Irgend etwas an dem ganzen Spiel war häßlich.

Der Jesus, den wir von den Bildern her kennen, hat eine angenehme Physiognomie. Das romanische, gotische Profil, Jesus bei Rembrandt, Pasolini, Zeffirelli, auf dem legendären Turiner Grabtuch. Immer herrscht der schönste Goldene Schnitt. Niemand kann sagen, ob die Zeichnung zutrifft, weil es kein Wissen über sein leibliches Aussehen gibt, trotzdem stimmen alle im spontanen visuellen Urteil überein, so müsse Jesus ausgesehen haben. Peter Rosegger beschreibt ihn im Stil dieser herrschenden Vermutung: „Er mußte ein sehr auffälliger Mann gewesen sein, obschon er sich nicht anders kleidete als andere. Er mußte ein überaus berückendes Wesen gehabt haben. Ich denke mir ihn schlank und hager, mit einem Untergewand und einem langen Wollrock. Sein Bart jung und schütter, sein Haar dunkelbraun, in reichen Strähnen über den Nacken herabwallend und sich am Rande etwas kräuselnd. Sein Gesicht blaß und zart, seine Lippen voll und rot, seine Augen mit einem feuchten Glanze der Güte und des Mitleids, gelegentlich mit einem Feuer, das alles ergriff. Er trug weder Hut noch Stab, an den Füßen wahrscheinlich Sandalen."[64] So ist dafür gesorgt, daß Jesus im Styling der Figuren, die sich in der Szene bewegen, leicht unterzubringen ist. Im Neuen Testament spielt die ästhetische Betrachtung Jesu keine Rolle, entscheidend war allein sein menschliches Dasein. Aber die Theologie hat bald ihre konstruktive Kraft auch an diese Frage gewendet und den schönen Jesus aus den allgemeinen Grundsätzen der Menschwerdungslehre abgeleitet. Francisco Suarez (1548–1617)[65] geht aus vom Psalmvers 45,3: „Du bist der Schönste von allen Menschen, Anmut ist ausgegossen über deine Lippen" und meint, Jesus sei mit einem vollkommen ausgestatteten, schönen männlichen Leib geboren worden. Zur Schönheit gehört in der klassischen Tradition vor allem die Vollständigkeit der Glieder. Sie mußte bei Jesus gegeben sein wegen der Qualität seiner Seele und der Vereinigung mit dem ewigen Wort. Das gilt auch für das

---

[64] P. Rosegger, Mein Himmelreich, zitiert nach: G. Pfannmüller (Hg.), Jesus im Urteil der Jahrhunderte, Berlin ²1939, 531.
[65] F. Suarez, Disputationes XXXII, 2, in: Opera 18, 173–174.

zweite Erfordernis, die ausgewogene Verhältnismäßigkeit des Körperbaus. Er benötigte sie für die Erfüllung seiner Aufgaben. Drittens, sagt der Theologe, verlangt die Schönheit eine natürliche, passende Hautfarbe, die bei Jesus wegen seiner harmonischen Konstitution ganz gewiß auch vorhanden war. Er geht nicht mehr weiter ins Detail, aber der Rahmen für das Aussehen Jesu ist bestimmt, weit genug, daß die Vorstellung wechseln kann, doch so entschieden, daß ihr nur ein schöner Mann erscheinen darf. Die Phantasie unterwirft ihn ihrer ästhetischen Gesetzgebung, ohne die Frage nach der historischen Tatsächlichkeit irgendwie zu beachten.

Daher war auch nur ein anderer Text der Bibel wenigstens für eine Episode in der Überlieferung stark genug, das Gegenteil, die Möglichkeit des häßlichen Aussehens Jesu nahezulegen: „Er hatte keine schöne und edle Gestalt…"(Jes 53,2) Wieder auf dem Weg der Ableitung kam es schon bei den frühen Theologen zur Lehre von der Unansehnlichkeit des Messias. In der Entwicklung dieses Gedankens spielten auch Motive der Askese eine Rolle, die Abwehr der erotischen Anziehungskraft, der Streit mit gnostischen Lehrern.[66] Aus dieser Zeit vielleicht gibt es eine Beschreibung Jesu, die ein anderes Bild Jesu enthält. Ich setze den Text nicht her, weil er eine historisch beachtenswerte Variante bietet. Er ist nur sehr gut geeignet, die Vorstellungskraft zu testen, wie weit sie sich aus ihren eigenen Voraussetzungen den Jesus macht oder bereit ist, andere Zeichnungen zuzulassen oder gar, angesichts der Quellenlage, auf ihre Arbeit zu verzichten. „Sowohl sein Wesen wie seine Gestalt war menschlich: Er war nämlich ein Mann von einfachem Aussehen, reifem Alter, dunkler Hautfarbe, kleinem Wuchs, drei Ellen (= ca. 150 cm) hoch, bucklig, mit langem Gesicht, langer Nase, zusammengewachsenen Brauen, sodaß die ihn

---

[66] Vgl. A. Grillmeier, Der Logos am Kreuz. Zur christologischen Symbolik der älteren Kreuzigungsdarstellung, München 1956, 42–49.

sahen, sich schrecken konnten, mit wenigem Haar, aber eine Abteilung tragend mitten auf dem Kopf nach Art der Nazaräer, und mit einem unentwickelten Bart."[67] Jesus müßte nach dieser Skizze ausgesehen haben wie der Maler Toulouse-Lautrec, für manche wohl eine halblästerliche Imagination. Dieser Gegenschub vermochte sich nicht lang zu halten, ist auch nie weit in die christliche Seelenlandschaft vorgedrungen. Das ließ wohl der gemüthafte Schönheitsvorbehalt nicht zu, der die Urteile steuert und auf der religiösen Ebene immer dafür spricht, daß die Erscheinung des göttlichen Seins in edler Form geschehen muß.

Das wirkliche Ärgernis Jesus, seine abstoßende Häßlichkeit ergibt sich aber gar nicht aus der Betrachtung seines Leibes. Die Gestalt mag so oder so ausgesehen haben, der Eindruck wird überwältigt von der Art des Todes, der sie unterworfen wurde, und von dem Symbol, in dem diese präsent ist, dem Kreuz. Jesus hatte einen dreckigen Tod zu sterben. Die rechtlichen und praktischen Umstände der Hinrichtungsart, die auf ihn angewendet wurde, sind bekannt[68], aber die Herabwürdigung, die damit verbunden war, ist oft nicht mehr als ein Zitat aus Paulus, der von der Dummheit und Schande des Kreuzes spricht (1Kor 1,18–25; Hebr 12,2), ein flaches Leseerlebnis höchstens. Der Zugang zu dem, was Jesus angetan wurde, ist auch nicht in der Betrachtung von Grünewalds Isenheimer Altar zu holen, an den herrlich gemalten Eiterbeulen und Verwesungsfarben. Die Erfahrung der Schande stellt sich nur ein, wo Menschen in begehbarer Lebensnähe zu Läusen gemacht werden, vom negativen Tabu befallen, ein Gegenstand des Ab-

---

[67] R. Eisler, Iησους βασιλευς ου βασιλευσας II, Heidelberg 1930, 383: (Die Rekonstruktion einer Einführung in die slawische Josephus-Übersetzung).

[68] M. Hengel, Mors turpissima crucis. Die Kreuzigung in der antiken Welt und die „Torheit" des „Wortes vom Kreuz", in: J. Friedrich / W. Pöhlmann / P. Stuhlmacher (Hg.), Rechtfertigung (FS E. Käsemann), Tübingen 1976, 125–184.

scheus geworden sind. Die Psychologie der Schändung wurde perfekt angewendet von den Funktionären des Hitlersystems. Ich habe das 1944 als Gymnasiast erlebt beim Anblick der KZ-Sträflinge in Sankt Georgen an der Gusen. Hände weg! war die erste Regung, Ungeziefer, Ansteckung! Das ging auch in mich hinein, obwohl ich von Haus und Familie aus ganz und gar kein Hitlerfan war und von meinem Vater wußte, daß diese Menschen nicht als Verbrecher gelten konnten. Was oder wer besetzt heute in unseren Gesellschaften diese Schandstelle? Sie wäre aufzusuchen, um ahnen zu können, in welches Zwielicht Jesus geraten ist, als er liquidiert wurde. Das war gemischt aus Glauben, Bewunderung, Dankbarkeit, Anerkennung seiner Unschuld, Fluch, Abscheu, Spott und Verachtung. Bis heute begleitet es ihn und wandelt sich nach den wechselnden Geschmacksurteilen, bleibt aber konstant ein schräges Licht.

Ich hebe jetzt zwei Motive deutlich heraus, in denen der Protest gegen das christliche Symbol besonders auffällig formuliert wurde: Das Kreuz ist ein Schandzeichen in der blühenden Natur, und es ist in besonderer Weise häßlich wegen der Verwendung Jesu als Opferlamm.

Das Kreuz als Störfaktor in der Natur

Am 1. Juni 1831 schrieb Goethe an seinen Freund Zelter über die Medaille, die ihm Hegel, dem sie von seinen Schülern zum 60. Geburtstag geschenkt worden war, zugesandt hatte: „Das löbliche Profil der Medaille ist in jedem Sinn sehr gut geraten … Von der Rückseite weiß ich nichts zu sagen. Mir scheint sie einen Abgrund zu eröffnen, den ich aber bei meinem Fortschreiten ins ewige Leben immer links liegengelassen habe."[69] Auf der Rückseite aber war inmitten einer allegorischen Darstellung

---

[69] Briefwechsel zwischen Goethe und Zelter 3, hg. v. M. Hecker, Frankfurt a. M. 1987, 472.

das Kreuz zu sehen. Er kommt im selben Briefwechsel noch einige Male darauf zu sprechen, zum Beispiel mit der Bemerkung: „Ein leichtes Ehrenkreuzlein ist immer etwas Lustiges im Leben, das leidige Marterholz, das Widerwärtigste unter der Sonne, sollte kein vernünftiger Mensch auszugraben und aufzupflanzen bemüht sein."[70] Wie widerwärtig Goethe das Kreuz war, soll noch ein drittes Zitat belegen: „Vieles kann ich ertragen, die meisten beschwerlichen Dinge / duld ich mit ruhigem Mut, wie es ein Gott mir gebeut. / Wenige sind mir jedoch wie Gift und Schlange zuwider, / viere: Rauch des Tabacks, Wanzen und Knoblauch und Kreuz."[71] Der scharfe, auch den Eindruck der Gehässigkeit nicht vermeidende Ton zeigt, daß es sich nicht um eine beiläufige Anwandlung handelt. Der Widerstand Goethes ist grundsätzlicher Art. Dazu kann ich jetzt in Kürze angeben, was ihn bewegt, aber nicht weit genug ausgreifen, um alle Belege herbeizuschaffen.[72] Goethe wehrt sich zuerst gegen den schamlosen, zudringlichen, öffentlichen Umgang mit dem Kreuz. In dessen ehrfurchtsloser, undistanzierter, banalisierter Einordnung in den Haushalt alltäglichen Lebens wird das Mysterium gemein und abgeschmackt. Dazu kommen existentielle Betroffenheit, Tendenzen zur Flucht vor dem Schrecklichen, die ästhetische Unerträglichkeit des Zeichens, der Zweifel am humanen Sinn der Kreuzgestalt. Auch geschmäcklerische Töne fehlen nicht, eingegeben von der bürgerlichen Behaglichkeit, in der sich Goethe schnell behindert fühlt. Das alles liegt im Vorfeld seiner Option. *Der letzte Grund für die Kreuzverbergung Goethes ist die kosmisch-ästhetische Ehrfurcht vor dem Ganzen, der heiligen Natur, die sich in Gegensätzen bewegt, aber kein personales Absolutum kennt. Der unendliche*

---

[70] Briefwechsel zwischen Goethe und Zelter 3, 478.
[71] J. W. v. Goethe, Venezianische Epigramme 66, in: Sämtliche Gedichte 1, hg. v. E. Beutler, Zürich ²1961, 235.
[72] E. Staiger, Christusbilder der Goethezeit, Zürich 1952; G. Möbus, Die Christusfrage in Goethes Leben und Werk, Osnabrück 1964; H. Thielicke, Goethe und das Christentum, München 1982.

Überschuß und Überschwang des Schönen im All der Dinge wischt zwar die Wahrheit des Negativen nicht weg, relativiert und überblendet sie aber so stark, daß sie im Ganzen keine bedrängende Evidenz beanspruchen kann. Die Kraft der Stimmigkeit, die alles durchherrscht, entpflichtet den Menschen davon, vor den Symbolen des Nichtigen zu verharren. Die beste Stellung, die er beziehen kann, ist die des Zuschauers, dem in teilnehmender Kontemplation aufgeht, daß alles getan, die Grundordnung des Seins schön und fest gefügt ist. Das letzte Produkt der sich immerfort steigernden Natur ist der schöne Mensch, der im Bereich der Kunst zu seiner vollendeten Gestalt gelangt. Daher fühlt sich Goethe zu einer neuen Deutung des Kreuzes berechtigt. Sie findet sich in dem Gedicht *Die Geheimnisse. Ein Fragment.*[73] Ein junger Ordensbruder, der sich bei einer Wanderung im Gebirge verirrt hat, kommt vor ein Kloster, über dessen Eingangstor sich ein Kreuz befindet, das von Rosen umwunden ist. Im Kloster wohnen zwölf ritterliche Mönche mit ihrem Oberen, der den Namen *Humanus* trägt. Er repräsentiert die reine, universale Menschheit über den zwölf Gefährten, in denen die einzelnen Nationen und Religionen verkörpert sind. In diesem Raum geht dem Pilger ein anderer Sinn des Kreuzes auf:

„Er sieht das Kreuz und schlägt die Augen nieder.
Er fühlet neu, was dort für Heil entsprungen,
den Glauben fühlt er einer halben Welt;
doch von ganz neuem Sinn wird er durchdrungen,
wie sich das Bild ihm hier vor Augen stellt:
Er sieht das Kreuz mit Rosen dicht umschlungen.
Wer hat dem Kreuze Rosen zugesellt?
Es schwillt der Kranz, um recht von allen Seiten
das schroffe Holz mit Weichheit zu begleiten."[74]

Die Verwandlung des Kreuzes von Golgotha in das Rosenkreuz scheint vollkommen gelungen zu sein. Der

---
[73] J. W. v. Goethe, Sämtliche Gedichte 3, 273–283.
[74] J. W. v. Goethe, Sämtliche Gedichte 3, 275.

Leichnam ist verschwunden, das Kreuz und irgendwie auch die Erinnerung an all das, was darauf passiert ist, werden zwar genannt, aber eingehüllt in Gestalten der Natur, in ihrer für Goethe schönsten Form, in Rosenblüten. Es erhebt sich mit dem Beschauer aus der Erdfixierung in die Zone des Lebens. Nichts steht dabei geschrieben, nicht einmal der Kreuztitel, es ist vollkommen aus der alten, kruden, harten Leidensdogmatik gelöst, ein Zeichen reiner, das heißt blutfreier Humanität geworden. Da ist mehr geschehen als die Hervorholung der schönen Form am häßlichen Gegenstand. Dieser selbst wird der Verwandlung unterworfen, die das offenbare Negative völlig aus ihm entfernt.

Wer ist in dieser Metamorphose am Werk? Goethe stellt die Frage an den Leser und hilft ihm sehen, daß es die Natur sein muß. Ihr überläßt sich zuletzt auch die Kunst. Das wohltemperierte Sein überwächst alle Übel, alles Böse, niemand kann den Zug der Rosen aufhalten. Jesus ist schön geworden, indem er in der Laube verschwand. Ist mit ihm auch die Erinnerung an das Geschehene überwachsen von der süßen Gegenwart der Blüten? Auf diesem Weg jedenfalls sind der modernen Kultur weniger die rationalen Einwände als vielmehr quasimystische Stimmungen gegen das Kreuz zugekommen. Sie durchziehen die gegenwärtige Zeit mit neuem Elan bis tief in den religiösen Raum hinein. Sie werden auch nicht gebremst durch den Widerspruch, der ihnen vorgehalten werden könnte. Der Natur wird die wilde Zerreißung nachgesehen, die in einem fort in ihr geschieht, wird als ihr erhabenes Gesetz mit ein wenig Gänsehaut zur Kenntnis genommen. Das mindert nicht und schon gar nicht verhindert es die Bewunderung, die ihr zuströmt. Das Kreuz dagegen stört wegen seiner Brutalität, wird bekämpft als Ausdruck der Qual, der Zerteilung und der Unversöhnlichkeit, ein schauderhaftes Bild.[75] Einer der Gründe für diese paradoxe Unduldsamkeit

---

[75] Vgl. Th. Storms Gedicht *Kruzifixus*, in: SW II, Berlin 1930, 802.

dürfte in der Tatsache bestehen, daß die Natur für das Auge zunächst einmal und lange hin ein Phänomen der Oberfläche ist. Die einzelnen Gestalten und die größeren Komplexe, eine Landschaft, das Gebirge, das Firmament sind überzogen von einer *Haut, die glatt ist, zudeckt und glänzt.* Der allmächtige Überschwang des Stimmigen verbirgt den Augen das Blut, die Eingeweide, die Exkremente, die schrecklichen Vorgänge, das Grauenerregende. Natur ist in ihrer Erscheinung die Verhüllung der eigenen Wahrheit. Diese steigt am Kreuzpfahl sichtbar in die Höhe. Er scheint in die Erde getrieben zu sein, um den Tod aufzusuchen und hervorzuholen, öffentlich bekannt zu machen, was die Natur fortwährend verheimlicht, steht wie ein Geschwür auf der schönen Landschaft und ärgert die Sinne, die sich am runden Anblick freuen wollen.

Das häßliche Opferlamm

Die eigenartige Häßlichkeit des Kreuzes Jesu kommt in der naturhaften Abwehr noch nicht wirklich heraus, denn der angeborene Schönheitssinn steht gegen alle Signale des Ekelhaften. Erst der Widerwille gegen die Opferrolle Jesu hebt das Moment hervor, in dem das häufigste aller christlichen Symbole seine besondere Schwierigkeit zeigt. Es ist ganz unnötig, bei bekannten Religionskritikern, Schopenhauer oder Bloch, einen Gedanken auszuleihen, der das Unbehagen am Golgothatod gebührend ausdrückt. Seit der ersten Stunde kreisen Denken und Andacht um das Wie und Warum dieses Endes. Jesus schrickt vor dem Galgen zurück, sieht nicht, wohin er geführt wird. Paulus verwendet die Worte *Dummheit* und *Skandal,* um die Ungewöhnlichkeit des Vorganges zu kennzeichnen. Die Tradition der christlichen Sprache ist davon geprägt bis heute, in ihr mischen sich die widersprüchlichsten Gedanken und Gefühle, zarte und wilde, blutige Bilder. Sie bewegt sich um ein

Zentrum von schrecklicher Anziehungskraft. Aus diesem dramatischen, auch diffusen Gewühl löst sich mit Notwendigkeit die Frage, was denn am gekreuzigten Jesus nun wirklich das Abstoßende ist. Dazu scheinen vier Antworten möglich zu sein.

1. Jesus war ein gerechter, unschuldiger Mensch, der aus purer Willkür gefoltert und hingerichtet wurde.
2. Gott hat mit dem gewaltsamen Tod Jesu in besonderer Weise zu tun.
3. In Jesus geht die Religion an den äußersten Punkt der Zerstörung und Verneinung, um dort das Heil zu finden.
4. Aus dem schrecklichen Ende Jesu wird ein öffentlich sichtbares Symbol gemacht.

Die *erste* Antwort kann für sich allein nicht ausreichen, weil der Gedanke, daß der gerechte Mensch in der Folgerichtigkeit seines Handelns von vernichtenden Gewalten bedroht wird, älter ist als Jesus, und nicht nur der Gedanke, sondern auch die Praxis. In den Platonischen Dialogen spricht Sokrates die Überzeugung aus, „daß man das Unrechttun mehr scheuen müsse als das Unrechtleiden"[76], „daß der so gesinnte Gerechte wird gefesselt, gegeißelt, gefoltert, geblendet werden an beiden Augen, und zuletzt, nachdem er alles mögliche Übel erduldet, wird er noch aufgeknüpft werden..."[77] Mit seinem Tod tritt Jesus in die Reihe der maßgebenden, gerechten Menschen ein. Dumm und skandalös könnte das von denen genannt werden, die den persönlichen Vorteil in jedem Fall über Wahrheit und Gerechtigkeit stellen. Aber grundsätzlich wird diesen Zeugen des Guten von allen Seiten der größte Respekt erwiesen.

---

[76] Platon, Gorgias 527b.
[77] Platon, Der Staat 361e–362a.

Wie hat Gott mit der Hinrichtung Jesu zu tun?
Die Schriften des Neuen Testamentes bezeugen den Glauben, daß die Weisheit Gottes es ist, in der das Sterben Jesu seinen besonderen Sinn erhält. Das ist nicht nur ein einzelner Todesfall für sich, sondern er hat Bedeutung für alle Menschen aller Erdenzeiten. Gottes rettende Liebe zur Schöpfung ist in einmaliger Weise mit diesem Ereignis verbunden. So lautet ein Hauptsatz der Botschaft. Die Nebensätze dazu, die im Detail sagen, *wie die Weisheit Gottes den Tod Jesu gebrauchte,* sind recht verschieden in den Bildern und Begriffen.[78] Um an die Logik heranzukommen, die in den verbreiteten traditionellen Glaubensgedanken zum Opfertod am Kreuz vorherrscht, wähle ich den Text einer Karfreitagspredigt aus den Werken des heiligen Kirchenlehrers Laurentius von Brindisi OFMCap (1559–1619)[79]: „Es war der Wille Gottes, es war das Gebot Gottes, daß Christus für das Heil der Welt am Kreuz sterbe, wie es Gottes Gebot war, daß an den Felsen geschlagen wird, daß die Schlange erhöht wird, daß das Osterlamm getötet, das Kalb zur Sühne geschlachtet, Isaak als Ganzopfer dargebracht wird. Wie also sündigten die Juden, die Christus kreuzigten, wenn es Gottes Wille, Gottes Gebot war? Weil sie das nicht nach dem Willen Gottes taten. Wenn sie mit der Frömmigkeit, in der die Priester im Tempel reine und heilige Tiere opferten, in der das ganze Volk das Osterlamm tötete, in der die Seeleute den heiligen Jonas in das Meer warfen in der Erkenntnis, daß dies der Wille Gottes sei, wenn also die Juden in solcher Frömmigkeit Christus getötet hätten, hätten sie gewiß eine Gott überaus willkommene Tat getan, sie hätten nämlich Gott ein Opfer dargebracht, das den süßesten Duft verströmt. Und wenn es auch an Menschen gemangelt hätte und sie es nicht hätten ertragen können, die Hand an den eingebo-

---

[78] G. Theißen, Soteriologische Symbolik in den paulinischen Schriften. Ein strukturalistischer Beitrag, in: KuD 20 (1974) 282–304.
[79] L. v. Brindisi, Opera omnia VI, Padua 1941, 718–719.

renen Sohn Gottes zu legen, dann hätten es die Engel des Paradieses getan, wie der Engel aus dem Himmel herabstieg, um Christus zu stärken, damit er das bitterste Leiden und den Tod des Kreuzes ertrage, weil es so der Wille Gottes war. Ja, was sage ich? Die heiligste Jungfrau hätte es getan, da sie doch mit viel größerer Liebe zu Gott, mit vielen und schier unendlichen Graden (der Liebe) ausgestattet war im Vergleich zu Abraham. Wenn also jener aus großer Liebe zu Gott, unter dem Druck des göttlichen Befehls, den einzigen und geliebten Sohn Gott opfern wollte, um wieviel mehr Maria. Aus welchem Grund denn meint ihr, ist sie beim Kreuz gestanden, an dem der Sohn hing und sie sah? Wußte sie etwa nicht, daß ihre Gegenwart den Schmerz des Sohnes über die Maßen vermehrte und seine ganz zerschlagene Seele durch ihre Tränen noch bitterer machte? Dennoch stand sie beim Kreuz des Sohnes, weil sie anerkannte, daß es so der Wille Gottes war. Durch den Anhauch des Heiligen Geistes stand sie dort, um Gott zu gehorchen. Sie kümmerte sich nicht darum, daß sie die Schmerzen der Seele und das Martyrium des Herzens in der Brust des gekreuzigten Sohnes über die Maßen vermehrte."

Die unerschrockene Konsequenz dieser Beschreibung ist doppelt lehrreich, weil sie alle Elemente des Opferglaubens enthält und zugleich erkennen hilft, wo das Häßliche liegt.

Der unumstößliche Wille Gottes, von dem aus alles in Gang kommt, lautet: Damit der Welt das Heil geschenkt werden kann, muß Jesus umgebracht werden. Der Tötungswille Gottes wird ausdrücklich betont, er vollzieht sich allerdings im Tötungswillen der Menschen.

Es ist gewißermaßen Zufall, daß die sündigen, weil ungläubigen Henker Jesus hinrichten; sie handeln aus dem verkehrten Motiv ihres Hasses. Viel reiner, weil aus dem vorbehaltlosen Gehorsam zu Gott hätten die Engel oder seine Mutter Maria die Schlachtung Jesu ausführen können und auch müssen.

Daher versammelt die Predigt um das Kreuz Jesu das vollständige Personal, das an seinem Tod interessiert ist: Gott, die Engel, die Mutter Maria als Vertreterin der Glaubenden, die Juden als Vertreter der Ungläubigen.

Es kommt unbedingt auf die Zerstörung des Lebens an. Was Jesus anbietet, genügt nicht; seine Sendungsarbeit, Treue, Liebe, Gotteserkenntnis, Gewissensreinheit und Wahrhaftigkeit ergeben eine Summe, die erst durch die Hinzufügung des Todes voll wird.

Das ist noch zu ergänzen durch Elemente, die in der Opfertheologie direkt oder indirekt mitgedacht werden. Die biblische Offenbarung spricht von einem Gott, über den hinaus es keine größere Lebendigkeit gibt. Er ist unüberbietbare Personalität, als Geist, Wort, Wissen, Willen, Freiheit. Die Sprache der menschlichen Annäherung benützt für die Beschreibung des Lebens Gottes auch die Ausdrucksformen oder Verhaltensweisen, die aus der Welt der menschlichen Gefühle stammen: Zorn, Trauer, Liebe, Reue, um damit freilich eine unendliche Intensität auszusagen. Naturgemäß liegt es nahe, daß dieser Aspekt der Gefühle in Gott dort am deutlichsten sichtbar wird, wo es um das Ereignis der Erlösung geht. Soll es doch die Versöhnung der Personen bringen, der Urperson Gott und der geschaffenen Menschenpersonen, und auf dem Weg des personalen Austausches. Für den Menschen heißt das: Lösung aus dem Zustand der bösen Entfremdung und Eingang in den Zustand der Liebesgemeinschaft mit Gott. An diesem Punkt hat die menschliche Vorstellung ihre Bilder entworfen. Sie spricht von Gott, indem sie irgendwie die leibseelische Verfassung des Menschen auch auf ihn überträgt. Danach wäre er zwar das höchste personale Leben, aber doch nach menschlicher Art, entweder, weil er wirklich selbst so *ist*, oder weil er, obzwar ganz anders und unvergleichlich seiend, zum Menschen hin wie ein Gefühlssubjekt handeln und behandelt werden will. Daraus folgt, daß es im Geschehen der Erlösung auf die rechte Behandlung der

Seele Gottes ankommt. Sie könnte nach Art der Katharsis (= Reinigung) gedacht werden, in der Aristoteles die heilsame Wirkung der Tragödie gesehen hat.[80] Gott befände sich auf Grund des sündigen Abfalls der Menschen in einem Zustand der negativen Gefühle, *entrüstet, beleidigt, zornig* und verhielte sich daher zum Menschen ablehnend, verwerfend, verdammend. Damit sich das höchste Wesen aus dieser negativen Befindlichkeit befreien kann, bedürfte es der Darbietung des schrecklichen Vernichtungsaktes, in dem sich zugleich das Böse in seiner Wirkung und der Mensch in seiner Selbstverwerfung offenbaren. Indem Gott der blutigen Jesustragödie auf dem Golgothaberg zuschauend beiwohnt und sie auf sich wirken läßt, erführe er die reinigende Lösung seiner Gefühle. Das Erlebnis von *Jammer und Schauder* ermöglichte es ihm, von seinem Zorndrang wieder zu seinem Liebeswillen hinzufinden.

Die Tötungsforderung ergibt sich auch noch aus einem anderen Grund. Das Böse, aus der Freiheit des Menschen hervorgegangen, muß in seinem ganzen Ausmaß aufgewogen werden. Das geschieht dadurch, daß es sich an der absoluten Unschuld wiederholt, indem es diese zwar nicht gewinnt, aber als zerstörende Gewalt trifft. Gott, als der Verwalter der Gut-Böse-Bilanz will im Kontrastbild des unschuldig Geschlachteten das reine Gute sehen als Gegengewicht gegen das Böse, zum eigenen Trost und zum Ausgleich. Hierin liegt die Erlösungsleistung Jesu. Weil er die Schlachtung an sich geschehen läßt, entsteht in seiner Hingabe, die den göttlichen und den menschlichen Willen zusammenfaßt, ein unendlicher Überschuß des Guten, eine Art Pool oder Fonds, die Tradition sagt *Gnadenschatz*. Daraus fließt unerschöpflich die Energie der Erlösung in die sakramentale Vermittlungstätigkeit der Kirche.

Das ist nun keineswegs eine Karikatur der Erlösungslehre, sondern gleichsam die mittlere, vereinfachte Formel,

---

[80] Aristoteles, Poetik 6, 1449b.

die schier überall angenommen worden ist, auf die sich noch die feineren Überlegungen der Opfertheologie fortwährend beziehen. Darauf zielen auch das Unbehagen oder die Ablehnung innerhalb und außerhalb des Christentums, und es stellt sich die Frage, ob das die wirkliche Häßlichkeit Jesu ist, die mit seinem eigenen Tun zusammenhängt, oder ob sie ihm in der Deutung angetan wurde. Die Kritik an dieser Sicht des Kreuzes ist längst im Gang, sie wurde im katholischen Bereich entschieden vorgetragen zum Beispiel von Joseph Ratzinger[81]. Das brauche ich jetzt nicht alles vor Ihnen auszubreiten. Ich will lieber versuchen, in einer Gedankenskizze zu erläutern, was nach meinem Urteil das wirklich Anstößige am Kreuz Jesu ist und was eher ein Produkt der menschlichen Interessen sein wird.

Die These lautet:
Alles, was christlich über die Erlösung zu sagen ist, kann gesagt werden auf der Basis von Mt 6,7–8: „Wenn ihr betet, sollt ihr nicht plappern wie die Heiden, die meinen, sie werden nur erhört, wenn sie viele Worte machen. Macht es nicht wie sie; denn euer Vater weiß, was ihr braucht, noch ehe ihr ihn bittet", und 1 Joh 2,1: „Wenn aber einer sündigt, haben wir einen Fürsprecher beim Vater, Jesus Christus, den Gerechten."

Dazu bringe ich neun erklärende Bemerkungen:

1 Der Gott des Evangeliums ist aus sich selbst Liebe und aus ewigem Willen der Welt helfend zugewendet. Jesus macht nicht erst aus Gott die Liebe, er geht vom Gott der Liebe aus. Keine menschliche Leistung, ob sie aus Worten oder Taten, Gebeten oder Opfern besteht, kann ihn liebend machen und muß es auch nicht. Der Gott, den Jesus Vater nennt, ist *für uns*. Es

---

[81] J. Ratzinger, Einführung in das Christentum. Vorlesungen über das Apostolische Glaubensbekenntnis, München 1968, 187–197, 230–242.

ist sinnlos, ihn informieren oder umstimmen zu wollen.

2 Die einzige Form, in der die Menschen ihre Bedürfnisse zu Gott hin aussprechen und auf Gott wirken können, ist die Bitte, die Öffnung der geschöpflichen Freiheit für den Liebeswillen Gottes. Es gibt keine anderen Ursächlichkeiten, die sicherer verlaufen oder mehr bewegen könnten. Sie suchen und praktizieren hieße Abfall in das Mißtrauen, die Wurzel des Unglaubens, hieße Gott bearbeiten mit den Zwangsmitteln der abergläubischen Angst. Der Bitte kann nichts Wirklicheres, Wirksameres oder mehr Sicherheit Gebendes hinzugefügt werden, wenn immer sie das gelebte Leben redlich ausdrückt und zusammenfaßt. Denn es geschieht „im Gebet die Bekehrung des Herzens zu dem, der immer zu geben bereit ist, wenn wir aufnehmen, was er gibt, und in der Bekehrung selbst die Reinigung des inneren Auges, da das ausgeschlossen wird, was auf zeitliche Weise begehrt wird, damit die Sehkraft des einfachen Herzens das einfache Licht ertragen kann, das von Gott her ganz ohne Untergang oder Veränderung leuchtet, und nicht allein ertragen, sondern auch in ihm bleiben kann, nicht nur ohne Beschwernis, sondern auch mit unsäglicher Freude, durch die in Wahrheit und Wirklichkeit das selige Leben vollendet wird."[82] Wenn der Mensch so betet, ist er erhört.

3 Jesu Bitte um das Reich Gottes, das die Erlösung und die Versöhnung, das ewige Leben bringt, ist der wahre, alles zusammenfassende Grundakt seines Denkens, Redens und Handelns. Er ist der Mensch, der seine Existenz in die Bitte um das gelingende Leben mit Gott verwandelt hat. Wie er diese Bitte in seinem

---

[82] Augustinus, Über die Bergpredigt des Herrn 3, 14 (CChrSL XXXV, 104).

Lebenswerk selbst darstellt und einübt, so bittet er auch mit seinem Tod. Er wählt sich nicht die Stellen aus, an denen es ihm gefällt, sondern nimmt, wie alle Menschen es halten müssen, den Augenblick, der ihm zustößt. Hier noch, im Überfall der Angst und im Zerbrechen seines Wirkens, in der Vergeblichkeit seiner Absichten, im Wüten der gewalttätigen Bosheit, in den Schmerzen der Todesfolter bittet er um Gott, und schreit auch seine Verlassenheit heraus.

4 Mehr kann nicht getan werden. Jesus hat alles vollbracht, was er nach seinem Wort in der Bergpredigt tun konnte. Das ist der Raum des Heils, in dem alle Platz haben. Auf alle Menschen hin und für alle spricht er die Zukunft öffnende Bitte. Er gibt dem unsicheren Suchen der Menschen, die nicht wissen, wie und was sie beten sollen (Röm 8,26) oder ob sie überhaupt beten wollen, seine klare Stimme. Alles ist in ihr enthalten, was in den vielfältigen Metaphern über sein Leben und seinen Tod gesagt wird: Hingabe als Lösegeld, Loskauf, Versöhnung und Reinigung durch das Blut, Befreiung vom Schuldschein, Sühne, Bundesopfer, Opfertod des Opferlammes, Sterben für die vielen, Stellvertretung, Sieg über den Tod, Vergebung, Heilung, Annahme an Sohnes Statt, Überwindung, Wiedergeburt, Neuschöpfung. Ihren religiösen Sinn finden diese Vorgänge oder Funktionen allein darin, daß Jesus das Heilsbedürfnis der Menschenwelt in seine Freiheit aufnimmt und sich mit ihr bittend zu Gott wendet, damit die Übel geheilt werden, das Böse entfernt, die Freiheit bekehrt wird, damit Gott die Neuschöpfung, die dazu nötig ist, in der Zeit anfangen läßt, heute noch. Diese Bitte ist von jedem Punkt seines Lebens aus allumfassend und erlösend, denn sie muß den Tod und die Sünde immer einschließen. Der Tod der qualvollen Kreuzigung ist also nicht der einzig mögliche, aber wohl der geeignetste Augenblick für das Gebet Jesu, weil in ihm der Ab-

grund der menschlichen Verlorenheit und der Einsatz Gottes in der Aussichtslosigkeit am deutlichsten hervortreten.

5 Die Bitte Jesu um das Reich Gottes ist in seiner Auferweckung erhört worden. Er wird offenbar als der Sohn, der seine bittende Macht ausübt bei Gott. Auch das Kreuz wird geheilt, an ihm selbst, daß es ihn nicht fortquält in alle Ewigkeit. Denn es ist nicht das Ziel der Bitte, sondern ihr zeitlicher Ort, ihre Form unter den Bedingungen des Todes und der Sünde. Jesus ist nicht nur der Sprecher der menschlichen Not, in ihm ist Gott allen geschöpflichen Hinwendungen so voraus, daß er zur persönlichen Gegenwart dessen wird, was Gott für die Welt sein will. Mit ihm, dem Anführer des Lebens und des Glaubens (Apg 3,15; 5,31; Hebr 12,2) geht die Menschheit in der Zeit ihren Weg, geht sie durch den Tod hinein in das Reich des ewigen Lebens. In ihm wird das Ja gesagt, von Gott her in die Welt und aus der Welt zu Gott (2 Kor 1,19–20).

6 Folgende Gründe sprechen dafür, den christlichen Glauben an die Erlösung von der Bitte Jesu her zu verstehen: 1. Während es in Exegese und Dogmatik immer noch strittig ist, ob überhaupt, in welcher Deutlichkeit und welchem Sinn Jesus seinen gewaltsamen Tod als Heilsereignis verstanden hat, steht nach den Quellen außer Zweifel, daß in der Bitte um das Reich alles gesagt ist, was Jesu Anliegen war. 2. Diese Bitte bringt wirklich alle Momente seines Wirkens so zur Sprache, daß sie in die Sinnrichtung der heilenden Versöhnung aufgenommen werden, unabhängig davon, in welcher Ausdrücklichkeit einzelne Handlungen oder Widerfahrnisse als Erlösungsgeschehen bezeichnet sind. 3. Erst in der Bitte wird Jesus als das Subjekt des Handelns hörbar, befreit aus der Entmündigung zum stummen Instrument der Versöhnung, wird andererseits klar, daß er nach dem

freien göttlichen Entgegenkommen ruft, das keiner magischen Behandlung zugänglich ist.

7 Das Kreuz wurde nicht aufgestellt, um auf Jesus die Summe des Negativen, das sich in der Menschengeschichte ansammelt, abladen zu können, allen Unrat der Zeit, alles, was andere verübt haben, damit der Unschuldige es auf seine Weise noch einmal leidet. Was dabei auf Jesus zu liegen kommen soll, wird in der Opferlehre nicht immer klar gesagt. Ist es die Sünde selbst, sind es die Strafen für die Sünden, sind es ihre Folgen, die Gerechtigkeitsforderung Gottes oder die Aggression der Menschen? Was es nun sein mag, Gott wiederholt nicht das Ungeheuerliche des Bösen am gerechten Jesus. Er muß es nicht tun, um das Ausmaß zu sehen, denn er kennt den Menschen *von allen Seiten* (Ps 139,5), er braucht es auch nicht, um zur liebenden Erlösungsaktion bewegt zu werden, denn er ist als der Liebende allem voraus. Als Beweggrund bliebe vielleicht noch der Wunsch Gottes, dem rationalen Spiel der Vergeltung zuschauen zu können, wie die Sünde sich am Sündlosen auswirkt, wie die unverdienten Schmerzen das alle Höllen verdienende Böse aufwiegen. Aber wie wäre das noch zu unterscheiden von dem, was Nietzsche die *älteste und gründlichste Festfreude des Menschen nennt, den Rausch der Grausamkeit?*[83] „Leiden-sehn", schreibt er, „tut wohl, Leidenmachen noch wohler – das ist ein harter Satz, aber ein alter mächtiger menschlich-allzumenschlicher Hauptsatz…"[84] Die Golgothaszene, die Laurentius von Brindisi entworfen hat, das von allen Seiten umstellte Opferlamm Jesus, dessen Vernichtung unbedingt sein muß, ist die schreckliche Bestätigung für die Lust am Blut, nicht zuletzt deshalb, weil diese auch Gott überfallen zu haben scheint. Es war

---
[83] F. Nietzsche, Werke 2, 807.
[84] F. Nietzsche, Werke 2, 808.

Pascal, der die folgerichtigste und knappste Formel für die Opfertheologie dieses Stils gefunden hat. Er unterscheidet zwischen den Qualen, die Jesus in seiner Passion zu erleiden hatte, und den Qualen, die er sich selbst schuf, und sagt dann: „Das ist eine Pein, nicht von menschlicher, sondern allmächtiger Hand, und allmächtig muß sein, wer sie erträgt."[85] Der Schatten nicht nur des Leidens, sondern der unmittelbaren Leidensverursachung fällt in Gott selbst hinein, die Selbstqual der Allmacht wird zum letzten Wort über den Lauf der Weltgeschichte. Daß sie in dieser Gestalt die Quelle des Evangeliums zu sein vermöchte, lese ich in keiner Schrift der Bibel. Wohl aber, daß er, Jesus, „in den Tagen, da er im Fleisch war, Flehen und Bittrufe dem, der ihn aus dem Tod retten konnte, mit starkem Schrei und Tränen dargebracht" hat (Hebr 5,7), daß im Johannesevangelium das große Fürbittgebet (cap 17) die Leidensgeschichte einleitet, daß die Macht Gottes stärker ist als der Tod (Jes 25,8), daß die Liebe Gottes alle Summen des Bösen unendlich überbietet (Röm 5,20). Warum Gott, der Schöpfer, die Welt auf diesen Weg gebracht hat, auf dem immer schon so aus der Tiefe, durch Jesus aber schließlich aus dem Abgrund gebetet werden muß, wissen wir nicht. Es ist uns zugemutet und kann ausgehalten werden im Blick auf ihn, sein Wort, seine Zuversicht auf Gott, den Schöpfer auch der Zukunft, der imstande ist, sie im gemachten Anfang anfangen zu lassen. Jesus fixiert uns nicht auf eine Gottheit, die tragisch an sich selbst bekümmert ist oder sich selbst verfinstert. Was es zu tragen gibt, hat Jesus in seiner Bitte getragen, daß Gott das Versöhnungswerk tut, die vom Tod infizierte Schöpfung heilt, das Böse durch sein Gnadengericht wegräumt, alle aus den Gefangenschaften des Triebes, der Angst und der Selbstbe-

---

[85] B. Pascal, Über die Religion und über einige andere Gegenstände (Pensées), hg. v. E. Wasmuth, [7]1972, 242 (553).

sessenheit befreit und die Utopie Liebe wahrmacht, überhaupt erst die Träume verifiziert, für die in der Welt Zeit war, die verlockenden Bilder des wahren Lebens einholt. Die anderen Umverladungen des Negativen sind sinnlos, denn das Nichts der Sünde kann niemand tragen. Aber der Messias kann hineinstehen in das schwarze Loch, um dort das Wort zu sagen. Die von der Liebe bewegte Freiheit Gottes, die sich in der Bitte öffnende Freiheit des Menschen berühren sich. Das ist die Stelle, an der die Hoffnung geboren wird und ihren Platz hat. Jesus ist persönlich deren greifbare, erlebbare Gestalt geworden.

8 Die Theologie hat sich wie an das Bewußtsein Jesu so auch an die Motive herangemacht, die zu seinem Hinrichtungstod geführt haben, und sich bemüht, die damit zusammenhängenden intimen Gefühle, Antriebe und Stimmungen der göttlichen Personen zu rekonstruieren, in einer Kalkulation des trinitarischen Innenlebens, die nahe an ein Psychogramm heranreicht. In viel feinerer Gedankenführung, als es bei Laurentius geschah, hat Hans Urs von Balthasar den Versuch wiederholt, indem er das Geschehen der Erlösung als trinitarisches Drama auffaßte.[86] Er spricht von einer „Hineinnahme der weltlichen Finsternis in das innertrinitarische Licht", denn der gerechte Zorn des Vaters über die Sünde steht gegen die solidarische Liebe des Sohnes, die sich dem väterlichen Zorn aussetzt, ihn entwaffnet und gegenstandslos macht.[87] Der Sohn hat den Zorn, der die Bosheit der Welt treffen müßte, auf sich abgelenkt und an sich wirken lassen.[88] Er zerspaltet ihn wie ein Blitzstrahl[89],

---

[86] Vgl. H. U. von Balthasar, Theodramatik III, Einsiedeln 1980, 309–327; dazu: R. Schwager, Der wunderbare Tausch. Zur Geschichte und Deutung der Erlösungslehre, München 1986, 273–312.
[87] H. U. v. Balthasar, Theodramatik III, 326.
[88] H. U. v. Balthasar, Theodramatik III, 319–320.
[89] H. U. v. Balthasar, Theodramatik III, 324–325.

sodaß von einer zornhaften Entfremdung zwischen Vater und Sohn gesprochen werden muß, in der sie sich freilich näher sind als je.[90] Offenbar gibt es einen ewigen Schlachtplan Gottes, der mit seiner Liebe zu tun hat. Das Objekt der Vernichtung liegt aber nicht einfach in der Trinität selbst, sondern ist Jesus, der durch den Logos von außen her angenommene und durchwirkte Mensch. Von Balthasar befreit den Feuerüberfall im göttlichen Liebesherd von jeder denkbaren Funktion des Verdienstes und des gerechten Ausgleichs: „Nichts zwischen Licht und Finsternis ist quitt oder aufgelöst oder bereinigt, jede Rechnung zwischen dem ‚Umsonst' der hassenden Sünde und dem ‚Umsonst' der vergebenden Gnade ist zersprengt. Am Ende der (als unendlich erlebten) Nacht bricht urschöpferisch das Licht auf, am Ende der absoluten Vergeblichkeit die Vergebung. Aber die als unendlich erlebte Nacht war schon das absolute Licht … und vergeben wird nicht, weil etwas gegengeleistet worden ist, sondern weil jede mögliche Leistung unmöglich war."[91] Die Reinheit dieser Raserei erhebt sich über alle Notwendigkeiten, das zweckfreie Zornliebesspiel muß gespielt sein, die allerhöchste Selbstberuhigung über den Gang der Welt, aus der dann unvermutet, unableitbar die Gnade fließt, wie bei Homer die Tautropfen aus dem Liebeslager des Zeus und der Hera auf die Erde fallen.[92] Wo ist das Recht zu solcher Belauschung der göttlichen Intimität hinterlegt? Sie überschreitet leichtfüßig die Grenzen der Erkenntnis, die auch dann zu respektieren wären, wenn das Pathos frommer Innigkeit weiter vordringen will. Auf dem Feld der Gefühle rutscht die Rede unvermerkt unter der Schranke der Andersheit Gottes

---

[90] H. U. v. Balthasar, Theodramatik III, 325.
[91] H. U. v. Balthasar, Theodramatik III, 325.
[92] Homer, Ilias XIV, 346–351.

durch und beginnt so ausführlich zu malen, daß sich hin und wieder die verblüffte Erinnerung an den Olymp einstellt. Wie ist die Rollenteilung zu begründen, die dem ewigen Vater den Zorn, dem ewigen Sohn die Liebe zuweist, wenn beide ihrem Sein nach von der Liebe her zu verstehen sind? Warum soll die innergöttliche Konfrontation den Glauben an die Erlösung begründen? Es kommt gewiß darauf an, daß die Liebe den Zorn besiegt, sonst fiele alles der Hölle zu. Dazu käme es, wenn der väterliche Zorn die Oberhand behielte. Siegte der Sohn mit seiner Liebe, bliebe offen, was mit dem Vater ist. Siegte keiner von beiden, würde das böse Chaos nur vergrößert. Um allen mythischen Konsequenzen zu entgehen und dem Evangelium recht zu geben, bleibt also nur eines, daß beide in der Liebe siegen. Dann kann es so gewinnbringend nicht sein, die Metapher des Kampfes herzunehmen, um die göttliche Selbstbewegung zu beschreiben. In der Bibel gibt es auch kaum einen Anhalt dafür. Müssen wir auch so viel wissen? Die bescheidenere Auskunft, die wir den maßgebenden Texten entnehmen können, genügt: Gott sehen als den unbeirrbaren Willen zum Guten, der sich dreifach ausdrückt: im Widerstand gegen das Böse, in der Reinheit der Bitte Jesu, im Gnadengericht. Es bleibt geraten, mit Thomas von Aquino schärfer zwischen metaphorischer und eigentlicher Rede über die Affekte Gottes zu unterscheiden[93] und sich nicht die Alternative *unlebendige Gottheit oder Gefühlssubjekt* aufzwingen zu lassen. Die ganz andere Lebendigkeit Gottes ist nicht in den Kosmos der endlichen Leidenschaften zu verflechten, daher ist auch das Handeln ihr gegenüber befreit von den Lasten der Gefühlsbehandlung mit den aussichtslosen Mitteln der menschlichen Erfindung. Bedenklicher noch ist die suggestiv verwendete Metapher des Theaters, weil mit dieser

---

[93] Thomas v. Aquino, Summe gegen die Heiden I, 91.

eine Rolle für Gott bereitgestellt wird, die ihn *zum Zuschauer macht, der aus ästhetischer Distanz genießt*. Sie erzwingt eine Vielfalt von Personal, von Abläufen, gegensätzlichen Regungen, Auftritten und rechtfertigt alle Kosten der Regie. Die Leichtigkeit, mit der von den notwendigen Verlassenheiten Jesu gesprochen wird, deutet auf die Gesetzlichkeiten des Spiels, die der ästhetischen Souveränität den Blick von oben erleichtern. Funktionalisierungen, die innerhalb der Kategorie der szenischen Darstellung durchaus einleuchten, werden dort, wo es um das reale Leben geht, zur unerträglichen Instrumentalisierung.

9   Die Chiffre des Kreuzes Jesu ist zu lesen als Beendigung der Feste der Grausamkeit. Das ist offensichtlich eine schwere Arbeit gegen die alte Angst und die Lust, die sie begleiten. Denn die Christen haben es immer wieder als Ermächtigung verstanden, die Aufführungen des Schreckens in sublim verwandelten Formen fortzusetzen. Die unverhohlene Freude über den Aufwand an Schmerzen, den kalt gewordenen Blick der Liebe auf das ausrinnende Opfer flankieren Theorien, die das vergossene Blut in das Kalkül der Erlösung einrechnen, mag es von der Schönheit oder von der Gerechtigkeit erstellt werden. Starke Bilder stehen bereit, geeignet, die psychischen Antriebe, die Vernichtung suchen, wenigstens indirekt zu bestätigen, der Augenlust alles zu erlauben. Die groben Vorwürfe, daß die Qualanbetung, die perverse Einstimmung in die Peinigung, deren Funktion als Quelle ewiger Seligkeit zum Christentum gehören, sind und bleiben grob, aber sie können mit Dokumenten gestützt werden, die ebenfalls eine grobe Sprache führen. Ich vermute, daß die anziehende und verführende Macht der Opferidee in der Verbindung von *Nichts und Blut* besteht, die irgendwo in den Abgründen Gottes angesiedelt wird. Seine ewige Gutheit erhöbe sich über einer saugenden Tiefe der

Verneinung, der er hinabzuzahlen hat. Der Fleck Nichts, erzeugt durch die Löschung des Lebens, wäre der Platz, auf dem die Gottheit mit den Mitteln beliefert wird, die sie für die Bändigung ihrer eigenen Nacht braucht. Wenn Ratzinger schreibt: „Er (Jesus) nahm den Menschen die Opfersachen aus der Hand und setzte an ihre Stelle die geopferte Persönlichkeit, sein eigenes Ich"[94], sagt er zunächst nur, daß Jesus alle quantitativen Opferleistungen durch die Hingabe seiner selbst ersetzt. Die kritische Aufhebung des Opferdienstes muß aber mehr sein als diese Rückführung auf den personalen Akt. Dieser könnte immer noch nach der alten Logik der Grausamkeit verlaufen. *Jesus bleibt in allen Phasen seiner Existenz der geliebte Sohn. Er hebt die Bezauberung durch das blutige Nichts auf in die Folgerichtigkeit seiner Liebe, die auch die vernichtenden Schläge des Todes, des geschichtlichen Schicksals, den Sog der Sinnlosigkeit aushält. Sie verliert das Wort der Bitte nicht, gewinnt Gott als die getreue, starke und unbeirrbare Macht und verbindet die Menschen mit ihm.* So rettet er sie, wenn sie ihn erkennen und mit ihm leben, aus der Todsüchtigkeit, aus dem nihilistischen Drang zur Zerstörung und hilft dem Glauben, daß Gott das Leben und nicht den Tod will.

Als Ergebnis dieser Überlegungen wird eine Unterscheidung möglich. Die eine Häßlichkeit wird Jesus angetan, sie macht ihn stumm, wenn er das sprachlose Objekt göttlich-menschlicher Tötungsabsichten sein soll, die seine Schmerzen für das geheime Heilskalkül verrechnen. Mit der anderen Häßlichkeit bekleidet er sich selbst, spricht er zu allen Generationen, auch in unserer Gegenwart.
Damit ist die Antwort auf die dritte Frage gegeben: *In Jesus geht die Religion an den äußersten Punkt der Zerstörung und Verneinung, um dort das Heil zu finden.* Daß diese Stel-

---

[94] J. Ratzinger, Einführung in das Christentum 236.

le gemieden, jedenfalls von den Religionen nicht selbstverständlich aufgesucht wird, wenn sie das Heilige und Rettende erwarten, zeigen die verschiedenen Überlieferungen. Kelsos, ein griechischer Philosoph des zweiten Jahrhunderts nach Christus, sagt es für seine religiöse Tradition: Die Kreuzstrafe ist in vieler Hinsicht schändlich, vor allem aber widerspricht sie der Göttlichkeit Jesu, „er hätte wenigstens sogleich von dem Pfahl verschwinden müssen"[95]. Das Sein der Götter ist der Zone des Todes, vor allem der Niedrigkeit und Ohnmacht, die mit dieser Justifizierung gegeben ist, fremd und fern.[96] In der jüdischen Geschichte gab es seit langem die hohe Verehrung der Märtyrer[97], das Leiden war als religiös bedeutsames Geschehen erkannt. Das Sterben Jesu konnte also von der Überlieferung her verstanden und positiv als sein Weg zu Gott gesehen werden. Wenn Paulus vom Ärgernis spricht, das die Juden am Kreuz nehmen[98], nennt er den Widerstand, den jedenfalls er mit seiner Predigt erregte. Warum nun doch Entrüstung, Abscheu, Abwendung? Wohl deswegen, weil dieser aus den Konflikten mit den verschiedenen Gruppen und Instanzen bekannte, wegen seines Lebensstils auch verschriene, als Aufrührer zur Schandstrafe verurteilte Mann Jesus nach dem Glauben seiner Anhänger der Gesalbte sein sollte.[99] Weil sich in ihm plötzlich alles vereinigte und in diesem Zeichen der größten Ohnmacht die göttliche Macht der Befreiung und Veränderung dargestellt war.

---

[95] Origenes, Gegen Celsus II, 68.
[96] Vgl. W. F. Otto, Die Götter Griechenlands. Das Bild des Göttlichen im Spiegel des griechischen Geistes, Frankfurt a. M., [8]1987, 175ff.
[97] E. Lohse, Märtyrer und Gottesknecht. Untersuchungen zur urchristlichen Verkündigung vom Sühnetod Jesu Christi, Göttingen [2]1955.
[98] 1 Kor 1,23; Gal 5,11.
[99] W. Schrage, „… den Juden ein Skandalon"? Der Anstoß des Kreuzes nach 1 Kor 1,23, in: E. Brocke / J. Seim (Hg.), Gottes Augapfel. Beiträge zur Erneuerung des Verhältnisses von Christen und Juden, Neukirchen 1986, 59–76.

Anders reagiert der Buddhismus darauf.[100] Die Kreuzigung ist überflüssig, denn sie betont im höchsten Maß das weltliche Selbst, das es gar nicht gibt, das jedenfalls auf dem Weg zur Erlösung keine oder höchstens hindernde Bedeutung hat. Im Kreuzsymbol offenbart sich der Ich-Wahn, von dem das wahre Wissen um die Daseinsfaktoren befreit.

Jesus hebt sich von den verschiedenen religiösen Hintergründen, gegen die man ihn stellen kann, häßlich ab, weil er wie sonst keine Gestalt die Einzelheit des Individuums hervorrückt. In der Verlassenheit des Leidens, dem die göttliche und die menschliche Nähe genommen ist, ist er zugleich wehrloses Objekt des Vorganges und ungebrochener Wille, am Leben, an den Fäden des Vertrauens und der Liebe festzuhalten. Der Pfeil der Unruhe sticht heraus in die Richtung des Göttlichen und bleibt lange die Weigerung, die sichtbare Unmöglichkeit, ihn heimzubringen in bereitliegende Ordnungen.

Er stört den Blick, der die runden Zusammenhänge sucht, er stört besonders heute, das ist die vierte Form seiner Häßlichkeit, die ästhetisierte Welt der Wohlhabenheit. Aus dem schrecklichen Ende Jesu wurde ein unübersehbares Symbol gemacht.

In der gesamten Geschichte der menschlichen Kulturen und Religionen gibt es kaum einen vergleichbaren Vorgang dazu, wie dieses Zeichen der Todesfolter Jesu in die Szene des Christentums gesetzt wurde und überallhin vordrang. Es müßte jetzt Zeit sein für die Erzählung, wie das Kreuz kam, was es auslöste, welche Umwertungen es bewirkte[101], wie es verwandelt und gebraucht wurde. Die Karriere dieses Symbols wurde einerseits vorangetrieben durch den Schock, den es ausübte, den Stoß in die vorhandenen Muster der Wahrnehmung, die Um-

---

[100] Vgl. H. Küng u. a., Christentum und Weltreligionen, München 1984, 460–462.
[101] Vgl. J. Taubes, Die Rechtfertigung des Häßlichen in urchristlicher Tradition, in: H. R. Jauß (Hg.), Die nicht mehr schönen Künste (Poetik und Hermeneutik III), München 1968, 169–185.

drehung des Gesichtspunktes, den Verzicht auf den edlen Anblick. Andererseits war von Anfang an die glättende Arbeit im Gang, der Versuch, den Aufprall zu mildern, damit es nicht gleich an der Weigerung abglitt. Es dauert lang, bis es als christliches Bildzeichen erscheint, die frühesten Nachweise finden sich auf den Legionsstandarten des Kaisers Konstantin. Das Kreuz ist für lange Zeit der Thron des Auferstandenen, das geschmückte Zeichen des Lebens, das Symbol für die kosmische Reichweite der Erlösung. Erst im Mittelalter, vor allem in der Gotik, wird von der byzantinischen Ikonenmalerei her Jesus erlaubt, am Kreuz tot zu sein, die Augen geschlossen zu halten, die Grausamkeit seines Endes zu zeigen. So war es auch schon lang auf dem Weg zum Amulett, zum Zierat, zum Orden, zum Signal, zum Allerweltszeichen, zum Möbel. Von der Bändigung der Häßlichkeit des Crucifixus durch Kunst und Gewöhnung wäre ausführlich zu reden, weil sie die heutige Situation eingeleitet hat.

Die Philosophie versucht zur Zeit die Trends in der Wohlstandsgesellschaft mit dem Begriff der *Ästhetisierung der Lebenswelt* zu deuten.[102] Natürlich sind die Wertungen des Phänomens sehr verschieden, und ich will mich gar nicht auf deren Diskussion einlassen. Einen Aspekt aber, der in allen Analysen berührt wird, sollte die Theologie sehr aufmerksam im Auge behalten. Der Prozeß der Ästhetisierung führt dazu, daß in der Großstimmung der Kultur der religiöse Kult vom weltlichen Fest abgelöst wird. Dieses war einmal die Unterbrechung des Alltags, es soll nun der Dauerzustand werden. Die technische Erschließung der Erde macht es möglich, die Ausbrüche aus den Funktionszwängen in freie Nutzlosigkeit zu verlängern, zur Normalität der

---

[102] R. Bubner, Ästhetische Erfahrung, Frankfurt a. M. 1989, 143–156; W. Welsch, Ästhetisierungsprozesse. Phänomene, Unterscheidungen, Perspektiven, in: DZPh 41 (1993) 7–29; G. Schulze, Die Erlebnisgesellschaft. Kultursoziologie der Gegenwart, Frankfurt a. M. 1992.

Lebenszeit werden zu lassen. Dringlicher als die Frage, ob sich das Dauerfest leben läßt, ist die Beobachtung des Vorganges selbst und die Erfassung der Optionen, die ihn steuern. Die „ästhetische Ausstaffierung der Wirklichkeit"[103] unterwirft das öffentliche und das private Leben einer Generalverschönerung, die Städte so gut wie die Landschaften, Bahnhöfe, Parks, Fassaden, Geschäfte. Die Physiognomie, die sexuelle Anziehungskraft, die Kleidung, der Teint, die Verpackung der Waren, das sprachliche Verhalten, die Werbung sind Objekte der gefälligen Zurichtung. Parteiprogramme nehmen das Anliegen auf. Für Museen gibt es immer Geld. Power ist geschliffene Schönheit, jedenfalls gewollte Form, das Auge der Fernseher ist gnadenlos gegenüber den Krawatten der Ansager. Erstmals kann der Kitsch die globale Mehrheit der Genießenden erfreuen. In manchen Diagnosen schwingt ein Verständnis mit für diese Arbeit, das dem Menschen die Freude gönnt, daß er endlich genug kann, um sich die Wohnung auf der Erde nach Lust und Geschmack einzurichten und ein Outfit zu geben, das nicht gegen den Wind nach Schweiß riecht. Die Kulturpessimisten sind auch längst darüber hergefallen. Ihren Elegien will ich keinen Ton hinzufügen, jedenfalls die Freude daran nicht verleugnen, daß vieles besser gelingt, was dem Menschen aufrecht gehen hilft. Aber aus der kritischen Zustimmung heraus ist es nötig zu sagen, daß der genannte Trend zugleich praktische Wertungen erzwingt, die freieres menschliches Leben verhindern. *Die Ästhetisierung bringt mit der Herrschaft der Form, mit dem Vorrang des Erlebnisses, mit dem selbstverständlichen Recht auf Unterhaltung neue Vergeßlichkeit und neuen Zwang. Vergeßlichkeit, weil man wegblicken und weghören, überhaupt die Wahrnehmung auf einen reduzierten Gesichtswinkel schalten muß, um an der glatten Haut der Kultur Freude zu haben. Zwang, weil die Lebensinhalte allesamt auf Unterhaltungsergiebigkeit getestet werden und die Wahrheitsfrage in den se-*

---

[103] W. Welsch, Ästhetisierungsprozesse 8–14.

kundären Bereich der Experten abgedrängt wird. Wie menschlich immer Nachrichten, Fakten, Ereignisse sein mögen, welche Schrecken und Entzückungen, wieviel fassungsloses Schweigen oder Schreie sie verursachen könnten, das Design erlaubt ihnen nicht mehr zu sein als ein animierendes Gustostück.

Dagegen will Jesus von Nazareth an seinem Kreuz häßlich bleiben. Wir haben ihn nicht mehr gegen den Verdacht zu verteidigen, er fördere die Lust an der Selbstqual, den Blutdurst. Das könnte jetzt höchstens eine Ausrede sein vor dem Blick, der ihm standhalten soll. Das Holz, an dem er hängt, ist der Pflock in der Landschaft der Menschen, an dem sich die Trends brechen. Die Andachten, die es auslösen kann, wenn es, befreit aus dem Status des Kultur- und Religionsmöbels, ins Auge fällt, sind ihrer Natur nach unfriedlich. Sie unterbrechen, verstören, bewegen, sind ein Stachel der Unruhe zur Hoffnung hin, daß es mehr ist mit dem Menschen, als es den Anschein hat im schönen Schein.

Das Kreuz steht in der Erde, es spiegelt die grausame und gleichgültig alle Verlassenheiten umstehende Natur, erinnert an den Krieg, der sie ist, der von den Menschen gern nachgeahmt wird, weil Brutalität ganz natürlich sein kann, und es ist mitten in ihr der Pfeil der Hoffnung.

Gelegen oder ungelegen hält es allen das nicht zu Glättende vor, Tod, Leid, Seelenverlust, das alle Schminke zerreißende Schicksal des zeitlichen Menschen.

Jesus verhindert die Ausrede, die menschliche Wahrnehmung sei zu schwach, reiche nicht heran an das Elend der Massen, ermüde schnell an den großen Zahlen. Es wird immer einer der Nächste sein, und das ist genug.

Die scharfe Zeichnung des gekreuzten Galgens bricht den verschwimmenden Blick, der alles mit allem vermengt, die Bewältigung der Geschichte betreibt durch Vergleichen und Zusammenzählen. Nennen muß man, Jesus sagen, und jeden einzelnen Namen einzeln dazu.

Der gehenkte Jesus legt es nahe, die Risse in der polierten Haut der Gesellschaft zu sehen, zeigt auf die, die sich das Styling nicht leisten können, ist für die Armen und Toten der Welt das Zeichen des Namens und des Gesichtes, das Versprechen, daß sie nicht fallengelassen sind.

Gegen die Diktatur der Unterhaltung, den gefräßigen Hedonismus der Augen erinnert das Kreuz Jesu daran, daß es Lebensmomente gibt, aus denen nichts zu machen ist. Er ist der getreue Zeuge, der einzige in der ganzen religiösen Landschaft, der so hinsteht an den unmöglichen Ort und HALT sagt: Nicht erklären, nicht zurückführen, nicht genießen, nicht glotzen, nicht weiterleben, nicht bewältigen, nicht verwenden, nicht besinngen, nicht entschuldigen, nicht ausreden, nicht verdrängen, nicht vorüberhuschen. Seine Aufmerksamkeit bricht durch die Schleier, die Formen und Funktionen und sucht den atmenden, nackten Menschen. Wenn ich an ihm vorübergehe, weiß ich jedesmal, er wird mich nie verwenden, er sieht.

Die Kirchenhäuser überlassen sich notgedrungen der Musealisierung, weil viel Bildungs- und Kunstgut in ihnen angesammelt ist. Wem Jesus am Kreuz gegenwärtig wird, dem schwinden im Augenblick alle Darstellungsfragen, wird der reichste Kirchenschatz gleichgültig und das *künstlerisch hochwertige Kruzifix* ein seltsames Ding. Die schönsten Sakralgalerien müssen in Unterbrechungen immer wieder zu dem werden, was Kirchen sind, Orte der praktischen Erinnerung, des Andenkens, der Präsenz.

Die Akten der Märtyrer, heißt es im Katechismus der katholischen Kirche, „bilden die mit Blut geschriebenen Archive der Wahrheit."[104] Ein schönes Wort, wahrhaftig, an dem nichts herumzudeuteln ist. Nur eine Frage ist zu nennen, die von Jesus ausgeht, der als Aufrührer und Ketzer an das Holz genagelt wurde: Sind die Archive

---

[104] Katechismus der katholischen Kirche Nr. 2474.

vollständig? Steht er nicht auch für die Menschen, aus welcher Distanz immer, die in der christlichen Zeit deswegen gefoltert oder getötet wurden, weil sie andere Überzeugungen hatten, Juden waren oder abweichende Deutungen des Evangeliums vertraten? Die der Kirche zu Gebote stehenden Machtinstanzen haben selber reichlich Menschenblut verwendet, um im Buch der Wahrheit zu schreiben. Das Kreuzzeichen sprengt die enge Liste der Blutzeugen, die runde Identität, die sich um die glänzenden Namen der eigenen Überzeugung schließt. Das Archiv der Wahrheit ist kein katholisches Büro, es steht aus, was noch alles einzubringen ist, auch von allen anderen Seiten.

Die Schönheit ist vielleicht ein Letztes, die Begleiterscheinung des Amen im Himmel, wenn die Zustimmung der Geschöpfe zu den Taten Gottes gesungen wird. Ohne Bild gesagt: Sie stellt sich ein, wenn das Wahre und das Gute gefunden sind. Erst die Offenbarung des Johannes redet von ihr in freierem Ton, und erst in der Schilderung des himmlischen Jerusalem. Einstweilen, im Lauf der Geschichte, bleibt Jesus noch am Kreuz, heute, in unserer Zeit ein lautloses *Halt* gegen die hemmungs- und rücksichtslosen Vorgriffe, durch die wir böse und dumm werden. Er wirbt für den Durst nach der Gerechtigkeit.

Ein Resümee? Warum soll ich Ihnen die übliche Wiederholung antun und Konsequenzen vorsagen, die zu ziehen wären? Ich packe einiges von dem, was mir noch nicht zu sagen gelungen ist, aus der Vorratslade meiner Notizen zusammen und mache daraus ein Plädoyer für die *Freilassung Jesu*. Was dann doch wieder wie eine Zusammenfassung klingen wird, denn der Winzige entzieht sich den üblichen Abmessungen, der Nackte tritt aus den Kostümen hervor und der Häßliche geht an die verbotenen Plätze.

Jesus freilassen hieße

froh sein, daß es einen gibt von seiner Radikalität, dem der ganze Kulturbetrieb gleichgültig ist;

mit ihm leben statt auf ihn aufzupassen, sich freuen, wenn er immer noch Geschichten auslöst, auch die wilden, ärgerlichen und dummen, er ist nicht erledigt, immer wieder müssen alle möglichen Leute sich ihn vom Leib schreiben, um ihn los zu sein, und schräge Sätze über ihn sind leichter erträglich als gewisse Methoden, mit denen er verteidigt wird;

Jesus zumuten, daß er heute seine Sprache findet, jenseits der ängstlichen Geschmacksgebote des kleinbürgerlichen Gemütes und der Diözesankunsträte;

die Konstruktionen der Theologie beiseite setzen oder Löcher in sie schneiden, denn sie hat höchstens die Rolle Johannes des Täufers, nicht die des himmlischen Vaters zu spielen, der seinen Sohn aus der Intimität kennt und gedanklich umfassen kann;

der Gelassenheit Jesu zustimmen, der den glimmenden Docht nicht löscht, sich aus den niedrigsten Motiven berühren läßt;

die Umklammerung des Schönheitstriebes lockern, der ihm die ausgesuchtesten Meßgewänder verpaßt, die ihn von den Plätzen des Unordentlichen, der Cholera und der Krätze vertreiben;

mit ihm die Bilder Gottes auf den Markt- und Arbeitsplätzen suchen, nicht in den Nischen der kirchlichen Kunstkammern;

ihm ausbrechen helfen aus der Demutshöhle der Leute, die dauernd ihre wehleidige Stimmung mit dem christlichen Glauben verwechseln;

Jesus aus der Hand derer erlösen, die ihn als Waffe gebrauchen;

ihn fortgehen sehen aus der Bevormundung durch die Mutter Maria und die Mutter Kirche, die in Bild und Leben so tun, als wäre er immer noch das Baby oder die Leiche.

Denn Jesus ist das Abenteuerlichste, Aufrechteste, Brennendste und Liebenswürdigste, das im Christentum zu finden ist.

Register

Albertus Magnus 51
Anders, G. 17
Aristoteles 64, 90
Augustinus 92
Balthasar, H. U. v. 74, 97ff.
Bernhard v. Clairvaux 45
Brown, P. 53
Bubner, R. 104
Burkert, W. 49
Caesar, J. 49
Clemens v. Alexandrien 72
Congar, Y. 50
Diogenes Laertius 47
Ebeling, G. 27
Eckhart 22ff., 64
Eisler, R. 80
Friedrich Spee v. Langenfeld 55
Goethe, J. W. v. 12, 81ff.
Grégoire, R. 44
Grillmeier, A. 79
Günter, H. 47
Haas, A. M. 22f.
Haydn, J. 20
Hegel, G. F. W. 38, 41f.
Heiler, F. 14
Hengel, M. 80
Herodot 25
Homer 98
Jonas, H. 68
Kant, I. 60f.
Kasper, W. 60
Kessler, H. 31
Kierkegaard, S. 9, 39
Küng, H. 103
Laurentius v. Brindisi 87ff., 95f., 97
Lohse, E. 102
Macho, Th. H. 53

Mieth, D. 23f.
Möbus, G. 82
Nietzsche, F. 40, 95
Novalis 66
Origenes 102
Otto, W. F. 102
Pascal, B. 17, 96
Paul VI. 50
Pius XII. 29
Platon 86
Rahner, K. 25, 61
Ratzinger, J. 91, 101
Riedlinger, H. 29
Rilke, R. M. 12, 62, 76
Rosegger, P. 78
Ruh, K. 22
Schmidt, A. 33f., 38
Schnackenburg, R. 24
Schrage, W. 102
Schulze, G. 104
Schürmann, H. 60
Schwager, R. 97
Seneca, L. A. 38f.
Sloterdijk, P. 72
Soerensen, V. 38
Sokrates 86
Staiger, E. 82
Storm, Th. 84
Suarez, F. 31f.
Swidler, L. 31
Taubes, J. 103
Theißen, G. 87
Thielicke, H. 82
Thomas v. Aquino 99
Weismayer, J. 22
Welsch, W. 104f.
Welte, B. 24
Wittgenstein, L. 7
Wolff, H. 31